TREND

新知識 ╱ 新概念 ╱ 新想法

# 為什麼———
# GDP成長，
# 我們卻無感？

GDP沒有告訴你的事，
拚的是數字成長，
還是人民的幸福？

Dolin66 ——— 著

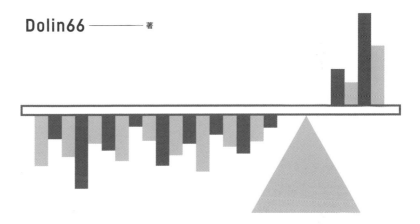

# 目次

# Content

# 推薦序

## 平均薪資快 5 萬？我們不該窮到只剩下統計數字

2018 年 2 月，行政院主計總處公布台灣 2017 年全年全體受僱員工平均實質總薪資為 4 萬 7271 元，創下歷年新高。然而各新聞網站、社群網站與各大論壇的網友們，針對此新聞的留言大多表示怎麼可能、無感。

經濟指標是政府衡量施政效果的方法之一，但數字卻可能不接地氣而失真，例如平均薪資上升的時候未必是全民薪水提升，可能是高收入者薪資增幅較多而推動數字美化。用來衡量一國經濟表現好壞的 GDP 也有類似的情況，GDP 能夠看出該國年度收入，但無法了解收入「分配」給了那些人，而分配僅是 GDP 的問題之一。

《為什麼 GDP 成長，我們卻無感？》一書將困難的總體經濟學指標，用口語化與諸多故事與舉例，讓讀者能夠快速進入情況，進一步理解若執政當局僅注重 GDP 的增長與否時出現的各種荒謬。而作者亦不只有點出問題，而是具體

指出建議，例如建議政府資訊透明化，是我個人非常認同的理念。我與「沃草」的夥伴在 2014 年與 2016 年推出「市長給問嗎與總統給問嗎」系列網站，讓民眾能透過普及化的網路，與候選人進行互動，試圖改變台灣只能單方面收到政見傳單的選舉文化。進一步地，2018 年擬定與《蘋果日報》、LINE 合作推出「六都市長給問嗎」，這會是台灣首次在手機社交媒體上與候選人進行互動的專案。

作者有更多清晰明確的觀點，我就不劇透了，但我相信這本書能夠幫助觀看的您，從基本的了解經濟術語而不再霧煞煞、到政府在「拚經濟」的理想中是否有擁抱進步價值。進一步地，我也期待您與更多人分享本書與您的心得，在自媒體的時代影響社群、甚至政府政策。

沃草 Watchout 共同創辦人／經濟財金領域作家　林祖儀

# 前言

我們似乎很習慣，政府用 GDP 年增率（又稱經濟成長率）來當做拚經濟的目標與成果，彷彿只要能維持 GDP 正成長，國家經濟就一定沒問題。那為什麼台灣 GDP 幾乎年年正成長，但人民口袋裡的錢卻好像都沒增加？為什麼政府屢屢「投資」數千億的新台幣在各式各樣的公共建設，號稱可以刺激 GDP 成長，最終卻出現為數不少的蚊子館，以及無法自償營運的交通建設？

本書就是要探討上述這些疑惑，為什麼國際通行的 GDP 指標，無法精準反應人民真實的生活狀態？繼續依循這個國家經濟指標拚經濟，又會造成哪些的問題？這些問題又該如何解決？以及，身處薪資停滯時代的我們，又有哪些自救的撇步？

假設你是一家公司的董事長，總經理提出一個野心極大的擴廠計畫，希望投入 20 億元擴建生產線，預計完工後可以增加 10 億元的營收，正常人應該馬上就會指斥總經理，花 20 億元的成本，最大也只能產出 10 億元的產值，這根本

就是無用的支出。很好，那請問一下，政府拚命衝高 GDP 的數字時，到底花掉多少的成本？抱歉，從 GDP 的統計結果裡看不出來。因為 GDP 的統計邏輯是以成果導向，只管最終的商品或勞務的市場價值，不會考慮製造過程中有多少成本上的支出。簡而言之，GDP 為王的世界不在乎效率，不在乎花了多少成本，只求最終產出的市值上升。如果政府卯起來追求 GDP 的成長，很容易就出現藉由大幅舉債，來衝高現下產值的短視舉動，不要以為政府不會做這些愚蠢事，現在全世界哪個政府不是債臺高築？這或許跟 GDP 成為衡量政府有沒有認真拚經濟有著很明顯的正相關！

如果人民繼續放任政府朝著 GDP 這條死胡同繼續衝下去，台灣將會繼續擁有遍地開花的蚊子館，一堆追求迅速量產但毛三到四的浮萍產業聚落，而政府為了避免這些企業倒閉後影響總產出值，就必須一直維持著貨幣貶值、低水電費與特定補助等獨厚大到不能倒的產業政策，結果就是珍貴的資源都浪費在這些行將就木的產業上，反倒讓新興產業無法獲得公平競爭的機會來取得資源，讓喊了十幾年的產業升級

成為泡影。這些因為台灣過去只鍾情追求 GDP 成長的副作用，將在 Part I「GDP 是如何成為台灣拚經濟的目標？」中有詳盡的描述。

　　想要改變既定的事實，就要從改變觀念開始；既然純然追求 GDP 成長的方針不一定能替人民帶來真正的福祉，那台灣的新未來又該有哪些觀念上的改變？首先，政府該追求的是效率，而非產值；該打造的是一個公平競爭與獎勵創業的環境，而非出資或以法律特許的方式，來維護特定產業的不公平競爭優勢。此外，過去帶給台灣穩定經濟成長的石化、電子等製造業開始面臨後進者的挑戰，台灣除了在這些漸漸陷入紅海的產業領域持續拚搏外，是否可以換個角度來思考，台灣有什麼獨一無二的特色，是其他國家無法模仿或很難追趕的優勢，如此才能讓台灣有更平衡的產業比例，關於這些可能的美好未來，將在 Part II「現況已經如此，下一步呢？台灣的新未來」為您娓娓道來。

　　政府都是你、我一票一票所選出來的代表，所以政府施

政不佳，其實你我也都難辭其咎。想要讓台灣的未來更好，除了期待政府能改變思維外，其實每一位人民也都該盤點一下，是否自己也是台灣窮到只剩 GDP 的幫兇之一，別再以為選出政治人物以後就沒事了，因為這樣只會讓每四年一次的選舉，成為令人沮喪的比爛遊戲，努力讓自己成為懂得理性監督政府的公民，社會只要有愈多這樣的公民，政府也才能真正發揮效用，為人民謀福利。

追求 GDP 成長或多或少也反應出，人民已經將經濟的良窳放大成為生活幸福的全部，物質生活成為快樂與否的絕對標準，如何找回逐漸喪失的靈魂與感動，會是生活能否平衡快樂的重要依歸，在 Part III「前 10% 的人坐擁龐大財富，身為多數的 90%，如何讓自己活得更好？」中，除了分享如何讓自己與家庭的經濟不再陷入寅吃卯糧的吃緊狀況，更想要告訴大家，其實生命中很多更美好的體驗與領悟，不是追求金錢與經濟成長所能窮盡，千萬別讓自己的生活，陷入「窮到只剩金錢」的困乏中。

# I

# GDP 是如何成為台灣拚經濟的目標？

台灣 GDP 歷年來的表現都有持續的增長，但是人民的薪資水準卻不斷倒退，產業面也不見起色，其中的矛盾和癥結點究竟是什麼？政府的努力為什麼人民感受不到、企業也嘗不到甜頭？且看本單元的深入說明。

　　大家應該很常在媒體上看到，某某機構上修（或下調）台灣全年經濟成長率至多少百分比，或是「政府拚經濟，目標全年經濟成長率保X％」的新聞。這裡所稱的經濟成長率，多數時候指的就是 GDP 的年增率。GDP 是 Gross Domestic Product 的縮寫，台灣最常翻譯成「國內生產毛額」，其定義為：

　　一定時期內（一季或一年），一個國家或地區的經濟中所生產出的全部最終產品和提供勞務的市場價值的總值。

　　GDP 是一種統計數據，統計的範圍通常是一季（三個月）或者一年，將這段時間中，台灣地區所產出的筆記型電腦、智慧型手機、各式各樣的晶圓、腳踏車等商品，與理髮師、餐廳、電影院、KTV、旅行社等提供之勞務服務的市場價格加總起來，就是台灣這一季或是這一年的 GDP。

　　定義清楚了，那 GDP 要怎麼算出來？既然 GDP 是對於一個地區的經濟活動進行加總，自然就可以從生產、分配面、

支出等三個面向切入，去計算各類經濟活動所衍生的價值的
總和。當然，無論用哪個面向的統計數據，理論上計算出來
的 GDP 都是一樣的，以下藉由大家最常見的支出面計算方
式，細部介紹一下 GDP 到底包含哪些項目：

---

GDP 的概念

> GDP ＝消費＋投資＋政府支出＋（出口－進口）
>
> 可簡寫成 GDP ＝ C ＋ I ＋ G ＋（X － M）
>
> • C 是消費（Consumption），通常占 GDP 的最
> 大部分。消費的對象可分為耐久性商品、非耐久性商品
> 及服務。日常生活中買食物、買衣服、租用汽車、加油、
> 看病、看電影、看職棒……等等的消費行為都屬於這一
> 項。
>
> • I 是投資（Investment），一般人會以為這是指
> 個人買基金、買黃金及買股票等投資行為，但其實不然
> 喔！這裡的投資是指為了商業經營目的而產生的消費行

為。例如購買公司設備、開採天然資源，甚至購買房地產也是屬於這一項。簡單地說，就是公司法人為了製造更多商品或提供更多勞務，而做出的消費，才屬於 GDP 的投資項目。

● **G 是政府支出（Government spending）**，就是每年立法院都要審查的政府總預算，而這些編定的預算就是政府要拿來花的錢，通常會花在各項新建之公共建設及維修、天災復原及搶救、各種不同的產業補助、公務員薪資、跨年煙火及燈會及預備金等。

● **X 是出口總值（Export）**，就是台灣所生產的商品賣到外國的收益。

● **M 是進口總值（Import）**，因為 GDP 定義為「國內生產毛額」，所以購買外國的商品或服務的支出就要扣掉。

## GDP 的起源

GDP 是怎麼出現在世界上的？1934 年，美國剛走過痛苦的經濟大蕭條時代，政府迫切需要一套計算標準來評估各項政策的績效如何，於是諾貝爾獎得主顧志耐（Simon Kuznets）博士與其團隊，便開發了 GDP 這項能反應國內經濟程度的指標。後來隨著國際貨幣基金（International Monetary Fond）以及國際復興開發銀行（International Bank for Reconstruction and Development，現在的世界銀行）這兩個重量級的經濟國際組織都開始使用 GDP 來進行經濟評估，自然也就成為全世界衡量國家經濟能力的共通性指標。

這樣看來，用 GDP 衡量台灣的經濟能力似乎沒有什麼爭議吧？因為全世界不都這樣評估自己國家的經濟實力嗎？關於這個問題，GDP 之父顧志耐博士曾說過：「一個國家的福利狀況基本不能由 GDP 來判斷。」換句話說，GDP 反應的是客觀的經濟產出狀況，至於這個國家的人民是否幸福與快樂，似乎就不是 GDP 所能呈現與表達的重點。

　　具體來說，如果政府光以 GDP 成長，作為拚經濟的唯一目標，很容易引發以下的三個問題：

　　**一、重量不重質**：因為 GDP 只計算最終的產出值，卻不管這些產出消耗了多少原料，又製造了多少汙染；簡單來說，盲目追求 GDP 成長，就像一個家庭不顧一切的消費，絲毫不管口袋裡還有多少銀兩；在台灣，這樣重量不重質的特點，造成了政府大幅舉債、盲目的基礎建設投資，以及弱勢匯率扶植出口產業，卻造成房價泡沫等後遺症。

　　**二、不患寡，患不均**：《二十一世紀資本論》作者皮提凱及超過七十個國家、一百多名研究學者，聯合發表 2018 年《世界不平等報告》，預估如果貧富差距的問題不能有效解決，到 2050 年時，全球 40% 的財富，會集中在 1% 的富人手中；換句話說，過去全世界追求 GDP 成長所獲得的果實，在「資本所得」和「勞動所得」的分配比例卻愈來愈懸殊，繼而引發社會階級流動減緩、加深社會仇富心態，以及人民對政府施政信心下滑等問題。

　　**三、政府失民心：**政府認為只要維持 GDP 成長，就達成了拚經濟的目標，但人民卻苦於實質薪資數十年不成長，房價等資產價格狂飆，以及弱勢匯率侵蝕新台幣購買力等問題，導致政府與人民間的距離愈來愈遠，彼此間的信任感自然也就日益下滑。

　　前總統馬英九先生在 2008 及 2012 年皆以 633 的經濟政策——平均每年經濟成長率 6%、失業率降至 3% 以下、平均年國民所得達 3 萬美元，作為政府拚經濟的目標。其中每年經濟成長率 6%，就是每年的 GDP 年增率要達到 6%；而平均年國民所得 3 萬元是指年人均 GDP 要超過 3 萬美元。也就是說，633 這三項經濟政策中，就有二項與 GDP 脫不了關係。2017 年蔡英文總統在年底出席全球招商論壇時，也把 GDP 成長，作為政府經濟政策的成果之一，因此無論藍綠如何輪替，GDP 對於台灣歷屆政府而言，都是非常重要的經濟指標。

　　此外，只要你看過財經新聞，買過基金、股票、黃金與

外幣，腦袋中應該都會自動將 GDP 與國家經濟、國民所得的繁榮、成長、蕭條連上線，這也是為什麼政府一直以來會以 GDP 作為經濟表現的指標，因為只要喊出「G、D、P」三個字，就能輕易地讓人民聽懂政府想要達成的目標。而且長久以來，人民似乎也接受了「只要 GDP 成長，就是經濟成長，然後我們就會過得比較好」這樣的邏輯，只是，事實真是如此嗎？

儘管馬政府的「633 政策」並未樣樣達標，但從 2008 到 2016 這八年來的 GDP，一直都維持正成長（除了 2009 年受全球金融海嘯影響，該年的 GDP 年增率出現負值外）。但這些年來，人民的經濟狀況及薪資收入並沒有跟上經濟成長的腳步。所以接下來的問題就是，為何 GDP 持續成長，人民還是認為自己並沒有嘗到經濟擴張的甜美果實？

一個令人難過的事實是，台灣人的薪資已經超過十五年沒有成長了！對於台灣多數的受薪階級而言，薪水的高低，可以說直接決定了個人乃至於家庭經濟的寬裕程度。但

2017 年 10 月，扣除通膨及獎金因素的「實質經常性薪資」僅 37,694 元，甚至還沒回到金融海嘯爆發前（2007 年 1 月）38,771 元的水準；自 2000 年 1 月迄今，台灣最高「實質經常性薪資」出現在 2003 年 8 月，金額也才 39,632 元。

**圖 1-1 台灣 2000-2017 年經常性薪資變化圖**

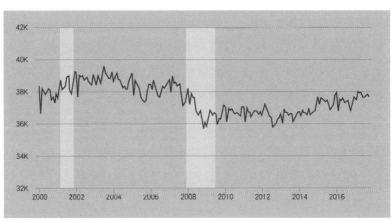

資料來源：行政院主計總處

反觀台灣房地產價格，從 2002 年爆發 SARS 時的低點，一路倍數飆升到 2015 年才稍稍緩和，連帶使台灣的房價所

得比從 2002 年的 4.47，翻倍到 2017 年第二季的 9.46；台北市跟新北市更是漲到了 12.7 跟 15.6 的恐怖境界，如果人民要不吃不喝存下九年半的收入，才能買一棟屬於自己的房子，我想很難讓人民對未來懷抱美好的憧憬。

所以，台灣人民真的不是難搞，而是，政府以 GDP 成長作為經濟政策目標，已經造成實質薪資超過十五年沒有成長。如果說，民主社會的政府施政應該以民意為依歸，造福民眾為目標，那麼，政府還將追求 GDP 成長放在首要位置，卻無法帶動人民的實質收入增加，那不顧一切地追求 GDP 成長，政府到底陷入了什麼樣的迷思？

## 數大便是美──破解 GDP 背後的迷思

還記得 GDP 支出面的統計公式嗎？

GDP = C + I + G + (X − M)

其中 G 代表的就是「政府支出」，所以如果台灣政府想

要在「GDP 成長」這張考卷上得到高分，最快速的方法就是——花錢！於是，衡量公家機關行政效能的指標就變成了「預算執行率」，預算執行率愈高的單位，就等於愈有效率提升了 GDP 成長的單位。這一脈相承的邏輯從表面上看來非常合理，實際上，真是如此嗎？

## 花錢才是高績效的王道

　　首先，要了解政府是如何制定預算的。政府來年的預算是前一年度 3 月底前就要完成編定，所以 2016 年政府的預算，是在 2015 年 3 月前就要完成概算的編列，最遲在 2015 年的 9 月就要定稿，然後送請立法院審議。這種制定預算的方式，等於是把政府當成神明，要他們預料未來會發生什麼事情、要花那些錢。但是往往今年 9 月前為了明年非做不可的事所編列的預算，並且在立法院審議通過後，到隔年卻因為外在環境的改變，再執行其實一點意義都沒有，然而，在 GDP 的思維主導下，政府仍然會執行。

## 明明是有效率的行為，卻不被獎勵

　　如果是民間企業或者家庭碰到計畫趕不上變化以至於不宜花錢執行某計畫，一定會先把這筆預算省下來，畢竟少花錢就等於存錢，省下來的錢也可留做將來其他支出使用。政府當然也可以這樣做，只是如果 2016 年某個政府單位將一些明明不需要支用的預算「存」起來，然後上繳國庫後，上級機關會稱讚該單位做得好嗎？抱歉，並不會喔，因為這個單位的預算執行率一定會偏低，預算編了 100 元，結果繳回了 20 元，預算執行率就只有 80%，上級機關會先說：「這是個不及格的成績！」在下一年度立法院預算審議這單位的預算時，就會說：「喔！你去年也只用了 80 元啊，所以今年只給你 75 元就夠了！」該單位省下 20 元明明是該獎勵的有效率行為，最終卻成為被懲罰的理由，在這樣扭曲的誘因與機制下，還有哪個政府機關願意將「效率」放在「執行預算」（就是花錢）之前？所以每到 10 月以後，還有預算餘裕的機關，無不絞盡腦汁地想辦法把預算給花光光，因為這樣才能有長官想要的「高預算執行率」，才會有不斷成長的

政府支出，才能有好看的 GDP 成長數字。

## 從交通建設花錢，擴大政府支出

　　無論政黨如何輪替，政府都非常喜歡利用擴大政府支出來拉抬 GDP 的帳面成績，詳細可以參閱**表 1–1** 台灣政府歷年來推出的計畫型經濟。當然這些計畫並非一無是處，像是「中山高」、「鐵路電氣化」、「桃園國際機場」、「防洪排水」、「汙水下水道」等基礎建設，的確為台灣打下經濟發展的基礎、給人民帶來生活的便利，然而，當台灣已經擁有極為便捷的交通運輸網路，卻還繼續把交通建設作為經濟發展的主軸，真的是明智的決策嗎？眼下台北捷運網路還在一條一條地開通，但總使用人數卻沒有隨之上升，這樣的硬體成本投資，是否也是另一種形式的浪費？

　　從 1974 年的十大建設，到 2008 年的愛台 12 建設（細項資料如**表 1–2**），交通等硬體設施依舊為政府投資的主要項目，然而，依據行政院 2009 年愛台 12 建設總體計畫內容，

**表 1-1　台灣政府歷年重大建設彙整表**

| 時間 | 推動者 | 名稱 | 內容 |
|---|---|---|---|
| 1974 年 | 蔣經國 | 十大建設 | 中山高、鐵路電氣化、北迴鐵路、桃園國際機場、台中港、蘇澳港、大造船廠（中國造船公司）、大煉鋼廠（中鋼）、石油化學工業（中油）、核一廠 |
| 1979 年 | 蔣經國 | 十年經濟建設計畫 | 機械、電子、電機、運輸工具列為「策略性工業」、新竹科學園區創立 |
| 1984 年 | 俞國華 | 十四項建設 | 中鋼三期擴建、核四廠、開發油氣能源、電信現代化、鐵路擴展、公路擴展、台北鐵路地下化、台北大眾捷運系統、防洪排水、水資源開發、自然生態保育與國民旅遊、都市垃圾、醫療保健、基層建設 |
| 2001 年 | 張俊雄 | 8100 台灣啟動 | 擴大公共投資提振景氣方案追加預算 1,115 億元，使 90 年度國家重大建設計畫預算達到 8,100 億元 |
| 2002 年 | 游錫堃 | 兩兆雙星 | 兩兆：指未來產值分別超過新台幣一兆元以上的半導體產業及影像顯示產業<br>雙星：指數位內容產業（包含軟體、電子遊戲、媒體、出版、音樂、動畫、網路服務等領域）及生物技術產業 |

| 時間 | 推動者 | 名稱 | 內容 |
|------|--------|------|------|
| 2003 年 | 游錫堃 | 新十大建設 | 國際一流大學及頂尖研究中心計畫、國際藝術及流行音樂中心、行動台灣計畫、台灣博覽會、台鐵捷運化、興建第三波高速公路、高雄港洲際貨櫃中心、北中南都會區捷運、汙水下水道、平地水庫海水淡化廠 |
| 2006 年 | 蘇貞昌 | 大投資大溫暖 | 呼應總統陳水扁揭示的「增加投資台灣、創造就業機會、拉近城鄉距離、縮短貧富差距」四大目標，「大投資」、「大溫暖」計畫共規畫產業發展、金融市場、產業人力、公共建設、社會福利五大套案 |
| 2008 年 | 馬英九 | 愛台 12 項建設 | 全國便捷交通網、高雄自由貿易及生態港、發展中部高科技產業新聚落、桃園航空城、智慧台灣、產業創新走廊、都市及工業區更新、農村再生、海岸新生、綠色造林、防洪治水、卜水道建設 |
| 2016 年 | 蔡英文 | 前瞻基礎建設計畫 | 包含八大建設計畫：建構安全便捷的軌道建設、因應氣候變遷的水環境建設、促進環境永續的綠能建設、營造智慧國土的數位建設、加強區域均衡的城鄉建設、因應少子化友善育兒空間建設、食品安全建設，以及人才培育促進就業建設 |

其預期效用為 2013 至 2016 年實質 GDP 規模累計增加 1 兆 6,165.6 億元，實質 GDP 規模每年平均提高 2.52%，先不管 GDP 成長是否能與提升人民生活水準畫上等號，光是這個預期 GDP 的成長目標達成的機率也微乎其微。

## 比基礎建設排名更重要的事

至於上任前批評馬英九八年舉債 1 兆 7000 億的民進黨政府，仍依樣畫葫蘆的提出八年 8,800 億元的「前瞻基礎建設計畫」，薄薄兩頁的成效評估，第一條就是創造 9,759 億元 GDP 產出，至於為什麼執行這個基建計畫？行政院版報告引用瑞士世界經濟論壇（WEF）的 2016 ～ 2017 年全球競爭力報告，台灣基礎建設排名全球第 13，處於亞洲四小龍之末，因此需要大幅改善基礎建設；然而，台灣在這次競爭力總排名是 14；換句話說，基礎建設的排名其實比總排名還要好，如果從增加國家競爭力的角度切入，這本前瞻計畫應該關心的問題是，排行 30 名的「行政法規之繁瑣程度」、排名 46 名「各級政府債務」、排名 47 名「組織犯罪對企業成

本之影響」、排名 56 名「各級政府預算餘額」、排名 86 名「婦女勞動力參與率」，以及排名 87 名的「法規鼓勵外人直接投資的程度」，這裡面很多需要從法律層面來解決的制度問題，欲改善這些，根本不用投入太多的成本，我想至少不用花到 8,800 億元，就能比從事基礎建設更能有效提升台灣在瑞士世界經濟論壇競爭力總排名。

更有趣的是，若攤開基礎建設評分細項，台灣的鐵路品質排名第 10，是所有基礎建設評分項目裡表現最好的單項，結果政府竟然要把 4 千多億元，砸在基礎建設裡得分最高的鐵道（軌道）建設，就算單看基礎建設的需求順序，也應該優先把錢投資在排行第 20 的港口、排行第 33 的航空設施，以及排行第 35 的電力供應吧！更何況，若不透過特別立法的方式，政府可能連借都借不到執行前瞻計畫的錢；我們都認為過度消費是不對的事情，那政府在刷爆公共債務法舉債上限前提下，還要繼續為了美好的未來借錢建設，這樣的邏輯真的對嗎？

### 表 1-2 愛台 12 建設分項細目表

| 項目名稱 | 內容 | 概估預算（新台幣） |
|---|---|---|
| 便捷交通網 | 北中南都會區捷運網、北中南都市鐵路立體化及捷運化、東部電氣化與雙軌化、高速公路與快速道路系統整合、台鐵新竹內灣支線、台南沙崙支線、東線客車購買計畫。 | 1 兆 7,644 億元 |
| 高雄自由貿易及生態港 | 高雄港洲際貨櫃中心建設、建設港區生態園區並設立海洋科技文化中心、改造旗津地區為高雄國際級海洋遊樂區，改造哈瑪星、鼓山、苓雅等舊港區，以及高雄國際機場擴建倉儲物流設施，並改造周邊交通。 | 438 億元 |
| 發展中部高科技產業新聚落 | 通盤檢視未來產業聚落所需水、電、用地、人力及財務等配套措施，以提供優質的生產環境，提升研發及創新機能，培育科技人才，並推動產業園區建設（Industry Park）及新世代研究型園區（Research Park），強化產學合作網路。另外，將發展具特色國際村，以吸引國際人才停駐。同時重新檢視及改善中部地區交通網路服務水準，以提高產業與研發聚落之強度及綜效。 | 948 億元 |
| 桃園航空城 | 將桃園機場打造成 6,150 公頃的「桃園國際航空城」，並陸續興建第三及第四航廈，建構完善的航空城聯外交通建設。 | 2,568 億元 |

| 項目名稱 | 內容 | 概估預算（新台幣） |
|---|---|---|
| 智慧台灣 | 針對「文化創意產業」，由國家發展基金提撥 100 億，獎助文化創意及數位內容產業進行國際行銷；而為使知識及資訊交流更為方便，將建設全球第一的無線寬頻國家，並建構智慧化的生活環境。 | 4,473 億元 |
| 產業創新走廊 | 將現有的科學園區依地理位置，分別打造成「北北基宜產業創新走廊」、「桃竹苗產業創新走廊」、「中彰投產業創新走廊」、「雲嘉南產業創新走廊」、「高高屏澎產業創新走廊」以及「花東產業創新走廊」。 | 1,908 億元 |
| 都市及工業區更新 | 藉由工業區更新及再生，希望能活化產業的競爭力。另外，針對基隆、台北、中興新村以及高雄市，都將推動都會區的再造計畫，活化各區功能。 | 1,604 億元 |
| 農村再生 | 推動「農村再生條例」，照顧 4,000 個鄉村社區、60 萬農戶，讓農地和建地結合，推動整合型的農地重畫，讓老舊農舍周圍的農地重畫之後，讓農村社區的公共設施和風貌全面翻新。並建立「老農退休機制」，由政府補貼利息 300 億，推動「小地主大佃農」制度，鼓勵專業農民擴大農場企業經營化。 | 2,065 億元 |

| 項目名稱 | 內容 | 概估預算（新台幣） |
|---|---|---|
| 海岸新生 | 各縣市漁港定期清除淤沙，將傳統漁港改造為兼具漁業及休閒觀光的現代化漁港，並鬆綁沿海遊艇觀光限制」以及「國際招商開發沿海景點，以建設海岸生活與旅遊區。為發展郵輪觀光，擬推動高雄港、基隆港、花蓮港納入國際郵輪航線。 | 435 億元 |
| 綠色造林 | 第一個 4 年政府擬推動造林 3 萬公頃；並在中南部興建 3 處面積 1,000 公頃以上的大型平地森林遊樂區。 | 610 億元 |
| 防洪治水 | 全面檢討 8 年 1,160 億元防洪治水計畫，特別針對南部地區將推動「高屏溪整治特別條例」，共計將編列 4 年 50 億經費，重建原住民家園與推動國土保育。 | 2,865 億元 |
| 下水道建設 | 目標為將用戶接管普及率由民國 97 年底之 20.47％，每年提升 3％，並加強偏遠山區小型汙水處理系統建設，以確保水源水質。 | 1,550 億元 |

　　如果把經濟發展成果比喻成一顆結實纍纍的蘋果樹，過去台灣政府倚賴針對交通等硬體建設投資的方法，已經將低矮處的經濟成果都摘光了，然而政府卻依舊依循過去經濟發

展的道路，在蘋果樹下不停地打轉，只想找到另一片可以輕易摘取果實的地方，卻從未想過要搭個梯子，方便以後可以摘取更高處的蘋果。

## 即使是蚊字館，推動這些建設的錢仍計入 GDP 成長

在政府花錢就是王道的邏輯下，許多光怪陸離的現象就出現了，根據 2014 年 6 月行政院公共工程委員會的「活化閒置公共設施」（就是民間所謂的蚊子館）列管的共有 183 件。儘管政府在資訊曝光後持續努力地活化這些建物，到 2015 年 9 月時，依舊有高達 108 件仍處於低度利用，而這些建物不包含土地成本，就花了政府 239.85 億元的興建經費。看到這裡，血壓已經升高了嗎？審計部的統計數字更為誇張，光從 2004 年 1 月至 2015 年 7 月 31 日，從中央到地方，總共有 713 件的建設或案件被評定為效能過低，但是政府花錢推動這些建設都被計入了 GDP 的成長中，無怪乎 GDP 成長，人民卻無感！

　　為什麼這些建設的使用效能不彰呢？舉個例子來說，偏鄉興建圖書館的提案，無疑是希望提供人民一個免費的知識寶庫，讓想要學習的國民，都能有持續進修與提昇自己的管道，所以利用興建圖書館之名編列營建預算，應該很少民意機關敢提出異議凍結或刪除預算。然而，台灣有多少鄉鎮的圖書館，可以花數千萬蓋的美輪美奐，讓當政者開心剪綵題字，卻沒辦法湊出 20、30 萬來購書與維護，以致民眾使用上不便而不再上門。有些圖書館在閒置許久後，政府開始考量再花一筆錢改建成商場、停車場，以便「活化」這個建物，為鄉鎮市政府賺取收入與解除被中央列管的困境。

## 齊頭式社會福利補貼，易被有心人搭便車

　　為了持續 GDP 成長的榮光，政府除了大興土木，另一個可以讓 GDP 成長還能順便贏取選票的方法，就是拚命地開出並實現福利支票。打開台北市的「福利輕鬆查」網站，裡面洋洋灑灑分成婦幼、老人、原住民、身心障礙等 12 大類，包含了 0 ～ 5 歲孩童每月 2,500 元的育兒津貼、每學期

2,543 元至 12,543 元不等之幼稚園就學補助、老年農民每月 7,000 元補助、中低收入老人每月 3,600 元或 7,200 元的生活津貼、重陽敬老年金、低收入戶 18 歲以上每月 5,900 元就學生活補助、低收入戶及中低收入戶生育、低收入戶懷孕加成補助、高中職免學費補助……等，然而，這些針對性的補助方案，真的有照顧到實際生活需要受照顧的人嗎？

　　讓我們來看看兩個例子。一位 80 歲未婚的長者，過著非常節儉的生活，加上本身理財有方，帳戶內擁有千萬存款，然而他卻將存款分成數份，分別寄存於不同親友的帳戶內，然後住在不到五坪的房屋內，為的就是讓政府認定他是一個身無分文、又沒人扶養的獨居老人，這樣才能向政府領取中低收入戶、老人津貼及各項社福補助。看著按月匯進的上萬元津貼，他樂於扮演假窮人。

　　再以老農津貼為例，原本規定年滿 65 歲，且參加農民保險六個月的人就能請領一個月 7,000 元的津貼，導致一堆人想盡辦法取得農民身份，衍生老農津貼發放浮濫的問題，

又逼得政府每年必須編列 500 億元的預算來支應，最後只得修法將參加農民保險的年資由六個月大幅拉高到十五年。

　　從上述這兩個簡單的例子來看，這種齊頭式發放津貼的方式，看似公平，卻最容易被有心人士搭便車。台灣社會確實有一群人需要政府的特別照料，但只要擁有特定身份就能領取固定津貼的方式，真的是最有效率的照顧方式？不過，如果回到讓 GDP 成長這件事，這樣的作法可是「洗數據」最便利的方式喔！

　　有沒有想過，政府為了「數大便是美」的 GDP 而慷慨砸錢時，這些被政府花出去的錢從哪來？台灣是有挖到石油？還是坐擁數十家極具競爭力的企業？答案是：其實政府為了 GDP 成長花的錢，都是舉債來的。2013 年，當中央政府的舉債逼近 40% 的法定上限時，當時的馬英九總統在國民黨中常會上表示，政府財政雖然十分困窘，但基本面穩健，他更舉其他國家債務也達到 60%、70%、甚至有 200% 多，「既然人家也活得好好的，有人說台灣怕什麼，可以多借一

點。」也別說他不知事情的嚴重性，放眼全球以追求 GDP 成長的國家中，哪個不是負債累累還依舊舉債拚經濟？政府首長了不起八年一輪就鞠躬下台，而政府債務卻在錯誤的經濟目標下不斷地成長、茁壯，台灣未來的子孫們就必須扛下我們與前輩留下的爛攤子，這真是愛台灣該有的表現嗎？

## 錯誤政策賠更大

如果只是政府這樣做就算了，可是政府還用錯誤的政策鼓勵民間企業向「數大便是美」看齊。2002 年，阿扁政府提出了所謂的「兩兆雙星」計畫，目的就是培養出產值各一兆元的半導體及（LCD）面板影像顯示產業，以及扶植數位內容產業（包含軟體、電子遊戲、媒體、出版、音樂、動畫、網路服務等領域）及生物技術產業這兩個未來非常有潛力的產業。

這裡姑且不談政府是怎麼選擇出這幾類型的產業來進行培植，從兩兆的宣示中就可以清楚得知，政府要的是立即

可以大量產出的結果，說得更白些，政府要的是能立即拉動GDP 成長的量，而非花時間奠定產業競爭力的質。

這樣的產業型態就有如浮萍一般，在風平浪靜時可以迅速地繁衍，將池塘給布滿，然而一遇到世界經濟風吹草動時，原本表面的榮景就轉眼枯萎。既然政策的走向是這樣，台灣的產業大佬們自然也就順勢而為，這樣的政策所造就的電子代工產業鏈，在 2002 年到 2007 年世界經濟風平浪靜時，的確為台灣創造出鉅額的財富總值，然而這也是奠基在民間企業不斷砸錢購買外國技術專利、擴充廠房及生產線所賺來的「機會財」，當 2008 年經濟出現驚濤駭浪時，這些以量為王的民間企業，就成為第一批被衝上沙灘上枯死的浮萍。

為了培養這些能快速衝量的企業，政府運用了新台幣貶值、電費及稅率減免等特定補償方案，結果仍舊擋不住金融海嘯的襲擊，政府為了避免這些產業倒閉，又花了不少的成本想要來「挽救」企業，救回來的企業卻只能在賺錢與虧錢的邊緣載浮載沈，政府是維持住了 GDP 不會驟然下滑的數

字，卻也再度讓資源使用在沒有效率的地方。


## 陷入眼鏡蛇效應

　　台灣教育一直存在的一個問題，為什麼在大大小小的考試中贏得高分的菁英，卻不是社會需要的人力資源？很大的原因是評量的方式與社會需要的人力資源特質南轅北轍，所以拿 100 分的不見得是社會需要的人力資源。

　　同樣的道理，政府努力地想在 GDP 成長率這張考卷上拿到高分，卻從沒有認真思考過，GDP 還是個合適的評量基準嗎？人民要的真的是 GDP 不斷成長嗎？我們不能只用物質的生活水準來評價一個社會的發展程度，而忽略了資源分配不均，致使基層人民在政治、教育及民生選擇落於人後的事實。

• • •

英國政府於殖民印度期間，苦於當地眼鏡蛇過多，所以當局下令每一張眼鏡蛇皮都能向政府換取金錢，英國政府的原意是希望人們捕獵野生的眼鏡蛇，結果反而讓印度人興起了眼鏡蛇養殖的新行業，以利向政府換取這些「殺蛇補助」，政府後來得知消息後，自然取消了此項補貼措施，而這些養蛇的印度人也就很「自然」地將眼鏡蛇就地放生。英國政府原本想花錢解決眼鏡蛇過多的問題，卻反而為自己製造了更多的麻煩。

上述的故事就是「眼鏡蛇效應」這專有名詞的由來。台灣政府設定 GDP 成長等於經濟發展的錯誤誘因，同樣沒辦法解決台灣經濟競爭力每況愈下與人民薪資停滯的問題，到頭來反而造成了工時過長、資源浪費、人口減少等嚴重的副作用，成為另一個「眼鏡蛇效應」的經典案例。

## 做到過勞死

2016 年，總統大選候選人朱立倫於電視辯論會中提出，

想要將台灣的基本工資提升到新台幣 3 萬元。台灣薪資長年停滯已經是不爭的事實，如果連立場極度偏右的政黨候選人都知道要把提升基本工資當作政見，可見台灣的薪資真的低到可以被經濟學刊當作案例了。

很多人都說，低薪是因為台灣都是些慣老闆，賺的錢都不肯拿出來跟員工共享。在政治上，這是煽動人民情緒很好用的說法，但事實真的是這樣嗎？

假設你是一位企業老闆，如果你經營的企業淨利率只有 5% 左右，意味著你賣 100 元的產品，為國家累積了 100 元新台幣的 GDP，自己忙了半天卻只能把 5 塊錢納入荷包，試問你還會願意從賺得的 5 塊錢中抽 2 塊錢給員工加薪嗎？

上述提到 2002 年政府兩兆雙星計畫中，想要扶持的 LCD 液晶面板行業，既然是政府指定發展的產業，其表現應該可以當作台灣企業的一般狀況吧。下圖為台灣幾家具代表性的 LCD 產業公司 2012 至 2016 年的淨利率走勢圖。

### 圖 1–2　台灣三家 LCD 企業之淨利率走勢圖

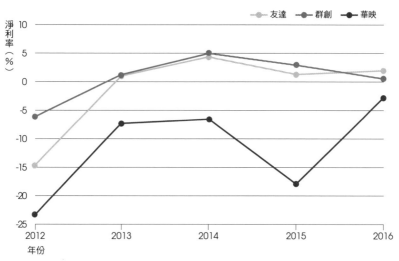

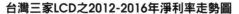

台灣三家LCD之2012-2016年淨利率走勢圖

　　政府政策重點培養產業的三家上市櫃公司,近五年來只有群創在 2014 年的淨利率超過 5% 一點點(意思是做 100 元生意,賺 5 元),三家公司合計共七個年度出現虧損,這樣低淨利的產業,不太適合當成投標的,但 LCD 產業龐大的硬體支出,卻可以支撐 GDP 數據持續成長。只是這樣的結

果，仔細想想可是有效率的？

　　把眼光放回人民身上，如果國家重點扶持的產業，都只能繳出如此低的淨利率，那公司怎麼可能有多餘的錢拿來雇用更多的員工，或者給員工更高、更好的福利？為了維持公司不要陷入虧本的狀況，只好要求自己的員工一工多能、上班打卡制、下班責任制，台灣低薪的主因並不只是老闆不願意或無能力分享獲利，更是因為只顧衝量不顧效率的經營模式，導致不斷增加的營收，轉個手又成為購買技術授權、持續擴廠、增闢生產線的資本支出，連老闆都賺不到什麼錢，員工又怎麼可能有加薪的機會？

## 重量不重質的短視思維

　　教育是促進社會階級流動最重要的推手，政府為了解決人民抱怨大學錄取率太低的問題，竟從 1987 年開始，開始有計畫地推動技職體系升格為大學，1991 年台灣的大學有 21 所，專科學校則有 73 所，到了 2016 年大學增為 126 所，專

科學校則大幅萎縮到只剩 13 所，在大學錄取率超過 100% 這個台灣奇蹟的背後，又是一個政府**只要量不要質的短視思維**——既然人民抱怨大學錄取率太低，那就鼓勵原本支撐台灣技職體系的專科學校「升級」成大學，讓想上大學的人都有大學可以讀。但衝量的結果就是大學文憑的氾濫與貶值，1991 年的大學以上的應屆畢業生只有 4 萬 6 千多人，到了 2016 年已經高達近 29 萬人。其中，碩士畢業生從約 5,823 人暴增到將近 5 萬多人，增加 10 倍；博士畢業生則由 470 人增加到 3,623 人，而這只是單一屆畢業生的人數，如果多年累計下來，台灣只會有過多的白領工作者。然而，台灣根本沒有這麼多的白領職缺，高等教育人才供給爆量的現況，只會讓企業將職缺條件從限制大學畢業提高為限研究所甚至博士班畢業；或是反向將以前大學畢業就能領到的起薪，提高到碩士畢業才能領到。等於是花了更多的時間與金錢投資在求學上，得到的待遇卻沒有增加，甚至在通貨膨脹的影響下還愈來愈低。政府比照拼 GDP 的概念衝出了一堆的大學，卻造成白領階級人力資源過多，以及摧毀台灣技職教育體系兩大人力資源問題，年輕人起薪 22K 的無奈，又是源於一個

只看總量的錯誤政策。

## 小確幸背後的代價

　　低薪對人民有什麼影響？首先，雖然錢不是萬能，但沒錢卻是萬萬不能。只要一睜開眼睛，食衣住行育樂都需要用錢，如果薪水收入無法滿足生活所需，最先被犧牲一定是「育樂」這部分的支出，而當生活只剩下工作與吃飯、睡覺，偶爾的消遣就是逛街買東西、打麻將、唱 KTV 與看電影這些物質與聲光效果的娛樂，久了之後就會慢慢失去持續進修的渴望與動力，彷彿人生就是只能守著這一份不滿意但又不能失去的工作，一個月省吃儉用下來也只剩下幾千塊，進一步會讓沒結婚的不敢結婚、結了婚的不敢生小孩。當愛情在現實面前低頭，當生命陷入缺乏選擇的迴圈中，對未來的希望一定最先被消磨殆盡，不滿與憤恨自然也就隨之而生，要不是透過網路平台來宣洩情緒、抒發己見，不然就是對政治冷感、對社會漠不關心，這些都不該是一個人均 GDP 接近高度開發國家水準的人民該有的素質。

## GDP 所忽視的休閒價值

如前述所提，儘管 GDP 衝高，但實際上企業的獲利卻愈來愈薄，撙節支出成了企業維持獲利水準的唯一選項。這種營運模式對員工的影響就是鮮少調薪，但工作量卻是一再加重、遇缺不補、一個人當兩三個人用。員工因為不能失去這份薪水，放眼職場也沒有什麼更好的選擇，於是老闆再怎麼無理的要求，也只能委屈自己照單全收，超時爆肝完成任務。

根據勞動部統計，2016 年台灣勞工每年平均工作時數高達 2,034 小時，與經濟合作暨發展組織（OECD）的國家相比，台灣高居第 5 名（前四名為墨西哥、哥斯大黎加、南韓跟希臘），而 OECD 平均工時僅 1,763 小時，再加上該數據係來自勞動部的《受僱員工薪資調查》，來源以訪問廠商為主，若考量雇主恐有違法顧慮而不敢據實以報，勞工的實際工時可能還要再往上調。

每個人一天都是 24 小時，如果工作占去了三分之一以上的時間，那人民還剩多少時間分給自己的家人與朋友？又

有多少時間可以發展自己的興趣、學習想要的技藝？更不用提看書、運動、踏青等休閒娛樂了。工作不應該成為生活中的全部。勤奮的確是種美德，但從同屬製造業及外銷型態的德國，平均工時僅 1,363 小時來看，台灣超時又過勞的工作，看來並沒有為勞工帶來等值的成果。

## 提高最低工資不利邊際勞工，弱勢者更弱勢

政府應該要體認到，台灣人民過勞工作與薪資過低的現象，絕非一次性大幅調高基本薪資就可以解決，就算明年立馬將基本薪資調高到新台幣 3 萬元，只會讓原本用 25K 雇用十個人的企業，轉成用 30K 雇用八個人；被雇用的八個人要平均分攤過去十個人的工作量，很顯然又要開啟超時工作模式，而被開除的二個人，則是立即面對失去薪資收入的巨大財務壓力。換句話說，一次性的大幅調升法定基本工資，將引發大量勞工失業，且多半會是技術能力偏低，或者是比較沒有職場競爭力的弱勢勞工，想要保護的對象最終卻受害最深，又是一個「通往地獄的道路，往往是用鮮花舖成」的可

悲案例。

　　低薪過勞的結構性問題不太可能存在著特效藥，有賴政府改變「只衝量、不重質」的產業政策，不再盲目相信規模才是拚經濟的王道，學著相信市場自然會將資源分配在相對有效率的產業，台灣的產業結構，歷經市場競爭及自然淘汰後，才有翻轉的可能。這樣的過程需要一些時間，卻也是解決台灣勞工困境與經濟迷途的最佳藥方。

## 資源大錯置

　　一開始，要跟大家分享曾經幫我在台灣股票市場賺錢的兩家好公司。為升，一家以製造胎壓偵測器為主的企業，2015 年的總營收約為 28 億新台幣，與友達同年的營收 3600 餘億元根本不能比，然而，為升卻是一家淨利率接近 40% 的公司，這意味著為升做一筆 100 元的生意，可以將 40 元放進公司口袋。另一家小而美的企業叫精華，主要生產隱形眼鏡，2015 年全年營收約 58 億元，一樣不到兩兆雙星產業友達的十分之一，可是這也是一家淨利率高達 30% 的公司。如

果你是股票投資人，你會想買進為升、精華，還是友達？

然而，如果從促進 GDP 成長的角度，政府就會選擇將資源投入友達，因為友達能產出的營收是精華的 62 倍，更是為升的 128 倍，這也意味著，要達到與友達一樣的 GDP 產值，政府要另外扶植 62 家精華或 128 家為升，這對執政者來說是多麼複雜辛苦的工作。所以政府自然會針對大企業來量身訂做政策，因為這樣對於 GDP 的成長才能立竿見影。

## 把雞蛋放在同一個籃子

政府為了衝高 GDP 產值，用了稅率減免及弱勢匯率兩種補助手段。在 2009 年促進產業升級條例還沒被廢止前，凡是投資於「網際網路及電視功能、企業資源規畫、通訊及電信產品、電子、電視視訊設備及數位內容產製等提升企業數位資訊效能之硬體、軟體及技術」的廠商，都可以抵列五年內各年度之應納營利事業所得稅稅額。另外，屬科學工業之公司，於 2002 年 1 月 1 日起，自國外輸入自用之機器、

設備，在國內尚未製造並由經濟部專案認定者，免徵進口稅捐及營業稅。另外，外國營利事業或其在中華民國境內設立之分公司，自行或委託國內營利事業在中華民國設立物流配銷中心，從事儲存、簡易加工，並交付該外國營利事業之貨物予國內客戶，所得也可以免徵營利事業所得稅。

這些對於特定產業的差別租稅減免，自然會引導民間將資源集中在符合租稅減免的產業上；然而，當國家的經濟結構過度集中於少數特定產業時，等同整個於國家經濟表現就被這些特殊產業鏈給綁架了，一損俱損，一榮俱榮。

## 政策向特定產業傾斜的負面結果

雖然政府已經在 2009 年將促進產業升級條例給廢除，並採行單一稅率 17% 的簡化營業所得稅稅制來平衡各產業間的租稅稅率。然而，之前造成的產業資源分配不均，實已對台灣的經濟產生負面影響。過多的資源投入了電子產業，造成公司企業的品質良莠不齊，某些規模甚大但經營不善的公

司，甚至以「倒閉後銀行會有數千億的不良債權」、「旗下數萬名員工將失業」等理由要脅政府提供援助、擔保或債權展延，這等於變相要求政府再將資源投入本來就經營不善的公司，完全違反資本主義優勝劣敗的準則。

所有的生產資源都是有限而珍貴的，如果資源用來紓困那些喊著自己大到不能倒的公司，就沒有足夠資源用在前景看好、充滿機會的企業，就算政府考量的是倒閉後員工的處境，那也應該透由社會救助系統，依法直接提供給失業員工該有的救濟措施，而非透過本來就沒效率的公司來分配這些珍貴的資源。

## 保護政策實為揠苗助長

還記得前文提到的為升與精華嗎？這兩家對台灣 GDP 數字貢獻不高的企業，卻都是台灣股票市場中，股價超過百元的高價股。就是因為這兩家公司能善用生產資源，為股東創造非常高的附加價值，市場才會反映出如此高的股價，對

比於友達的股價始終浮沈於 10 元面額上下時，讀者有沒有發現，**其實由市場機制選擇優質企業的能力遠遠高過政府！**令人感嘆的是，政府卻為了 GDP 的成長，主動替台灣選出五、十年後的潛力產業，並透過各種補助和優惠方案來扶植，實際上，政府之手卻是大大阻斷了市場機制的運作！

回頭看看那些在 2009 年之前爹不疼娘不愛的傳統產業，或許就是因為沒有政府關愛的眼神，在市場自然卻殘酷的競爭中，反而淬鍊出像儒鴻、聚陽這些具高度競爭力的成衣公司，也培育了像巨大、美利達這樣全球知名的腳踏車品牌，對照於宏達電在智慧型手機產業的掙扎，享受過政府補助的企業似乎反倒成了溫室裡的花朵，當全球環境出現大風大浪時，就如沒有根的浮萍被吹得亂七八糟。

### 操弄匯率實為雙面刃

談完了租稅補貼的扭曲，讓我們繼續看看弱勢匯率的補貼方式。因為台灣之前產業的重點都擺在電子業，而電子產

業幾乎全數都靠外銷全球來賺取營收，因此中央銀行將新台幣兌美元匯率長時間綁定在相對弱勢的地位，讓這些外銷的電子產品，比其他國家的產品更具有價格上的競爭力。

然而，沒有一項政策是十全十美的，貨幣貶值固然可以讓自己國家的商品，在以美元計價的國際貿易中占有價格的優勢，但也因為自己國家的貨幣貶值，導致必須要花費更多的錢，才能向其他國家買進商品或勞務。簡單來說，**貨幣貶值就是一個「賤價出售自家產品」的概念，希望商品能仗著比別人便宜來打垮國際上的競爭對手。**但必須付出「拿更多收入買進口品」的代價，所以，自己國家的人民往往會面臨薪水凍漲，進口物品價格卻一直上漲，生活壓力愈來愈大的狀況。

以日本為例，自 2013 年底到 2014 年，從台灣去日本旅遊時，一定覺得新台幣變得很好用，什麼家電都能輕輕鬆鬆地下手，就是因為日本啟動貨幣量化寬鬆政策，日幣兌換台幣的匯率一路貶值到 1：4。或許很多人會認為，這樣有什麼

不好，日本不是吸引了更多的觀光客，賺了更多的錢嗎？如果只看收入總額（就是營收），日幣貶值的確帶來豐厚的旅遊支出效應，但別忘了，每一樣電器用品都需要用原料製作，需要人力加工，打廣告做宣傳也需要用錢，這些成本不會因為日幣貶值而降低，反而可能因為原料要從國外進口，導致成本的增加，結果就是營收可能衝得很高、很漂亮，但真正獲利增加的並不多，簡而言之，就是「白做工」的意思。

同一時間，所有日本人領的工資都是用日幣給付，隨著日幣的貶值，同樣的薪水，其購買力卻不斷在下降，日本又是一個天然資源並不豐富的島國，許多食衣住行的原物料都仰賴進口，**貨幣貶值的結果就是，國家有了一個看似漂亮的GDP，但企業其實真正賺得不多，人民卻飽受貨幣購買力打折之苦**，這也是安倍經濟學已經展現疲態的主要原因——用貨幣貶值打造出的漂亮數據，如果沒有辦法化為企業的實質獲利與人民的薪資成長，這一切的數據成長，終將成為鏡花水月。

## 弱勢台幣政策，長期來說是「做白工」

另外，中央銀行維持匯率弱勢的方式，就是拿手上的新台幣，到市場上把美元買回來，所以央行買了多少美元，就等於將等值的新台幣釋放到市場裡，當新台幣貨幣供給額一直維持豐沛的水位，而利率依舊維持在低檔位置時，新台幣的持有者就會自己在市場上找出路。**台灣從 2002 年開始到 2015 年的房價飆漲，就是在低利率環境又有過多新台幣貨幣供給的狀況下，所吹出的一顆資產泡沫，要如何不讓台灣的房地產市場硬著陸，著實考驗著政府的智慧。**而這些都是政府以弱勢匯率扶植出口產業時，所累積下來的機會成本。

況且當弱勢新台幣成為台灣的主要貨幣政策時，非外銷產業就會受到波及，舉個例子，麵包已經是台灣不可或缺的食物，但製作麵包的主要原料小麥幾乎全要由外國進口，目前國際貿易多半以美元作為交易貨幣，若新台幣兌美元匯率從 30 塊貶值到 32 塊，麵包店進口同樣數量的小麥成本就增加了 6.67%，偏偏台灣又是個天然資源缺乏的海島，許多食

品原物料、原油等基礎原料都需仰賴進口，這些產業就會成為弱勢新台幣政策的受害者。

「因為要賺更多的錢，所以要先讓手上的錢更不值錢」，聽起來就是一個相互矛盾的說法，台灣乃至於整個亞洲國家，卻都不約而同地朝這條不歸路一直走下去。而每個國家都讓貨幣貶值的結果，就是原本政策希望的外銷價格折扣通通不見了，最後只是讓買方用更便宜的價格買走貨幣競貶國家的商品，然後這些貨幣貶值國家還要用更高的價格（因為貨幣已經貶值）來反向購買沒有採取貨幣貶值政策國家的商品，一來一往，就成了之前所說的「做白工」，看似有個很漂亮的營收數字與 GDP 的成長，骨子裡卻沒真正賺到多少錢。

政府想藉由低營業所得稅的方式吸引外國企業來台投資，卻又同時使用貨幣貶值的政策來增加這些企業來台後的營運成本，同時也讓人民付出了新台幣購買力愈來愈薄的代價，讓人民在薪資已經長時間沒有成長的狀況下，面對民生

必需品物價持續上漲的困境，繳出 GDP 逐年成長的成績單
又如何？人民能把 GDP 拿來吃或者住嗎？

## 未來的挑戰：消失的人口紅利和隱藏債務

面對薪資超過十五年沒有實質成長，及國內物價不斷上
漲的雙面夾擊，台灣人民的生活真是愈來愈辛苦。也因為苦
日子過得有些長，人民心中會逐漸形成一種未來也會愈來愈
糟的心理預期，這樣的預期心理又會誘導人民產生哪些對台
灣未來不利的行為趨勢？

### 低薪、高物價致低生育率

第一個影響深遠的行為：不生小孩。依據中華民國主計
處的統計資料，2016 年台灣的總生育率（就是 15-49 歲婦女
一生中所生育之子女數）為 1.17，總生育率最少要到 2.1 以
上，才能維持一個國家的人口不要出現減少的趨勢，所以，
台灣人口減少已經是個很難逆轉的趨勢了。

另外，依據「國家發展委員會」2016 年的人口推估資料，隨著台灣人愈來愈不生小孩，假設未來總生育率會逐年降至 0.9，台灣人口將於四年後的 2021 年出現零成長，就算改用非常樂觀總生育率將逐年上升到 1.5 來估計，台灣也會在 2025 年出現人口零成長。

人口變少不好嗎？台灣地狹人稠，少一些人應該不是壞事吧？話是這樣說沒錯，但是前提必須建立在人口年齡分布不要老化。然而，隨著出生率愈來愈低及醫療環境的改善，台灣 65 歲以上人口比率，已經在 1993 年跨過高齡化社會 7% 的門檻，依據「國家發展委員會」2016 年人口推估報告採總生育 1.2 推估，台灣將在 2018 年達到 14% 高齡社會門檻，2026 年，65 歲以上人口將達到 20% 的超高齡社會門檻。

依現行台灣勞動法令規定，65 歲即為退休的年齡，這也代表著 65 歲以上的人口多數不再工作、沒有薪資收入，是屬於需要被扶養的世代。然而，台灣的生育率極低，導致人口結構以難以逆轉和避免的速度不斷老化中，這將使得未來

**圖 1-3 人口成長率推估圖**

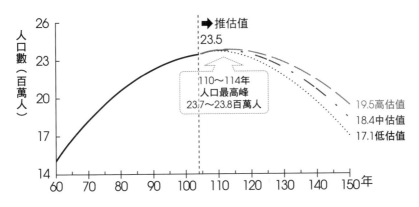

資料取自：國家發展委員會 2016 年人口推估報告

具有勞動力的人口總數下降，年輕人的扶養負擔也將會愈來愈重。

　　台灣的人口紅利已經在 2015 年正式畫下句點，在總生育率無法提升的假設前提下，台灣的工作人口會從 2015 年高峰的 1,700 多萬人驟減至 2061 年的 904 萬人（註：採總生育率 1.1 推估），工作的人口減少，老年人的人口比例上

升的結果，就是台灣的扶養比會在不到半個世紀內以三倍速成長，從 2014 年的 35% 暴增到 2061 年的 98.6%，幾乎就是一個工作人口就要扶養一個非工作人口，而且幾乎都是 65 歲以上的高齡人口。屆時台灣恐怕會像日本一樣，陷入長期經濟停滯的窘境。

人口趨勢其實是很多經濟狀況與政策不可忽視的重要趨勢，如果政府依舊維持著「GDP 成長才是王道」的想法，請問當台灣的工作人口從 1,700 餘萬人驟減至 904 萬人時，當扶養比從 35% 暴增到 98% 時，要維持 GDP 持續成長意味著現在咬著奶嘴的小朋友，未來長大後的生產效率得是現在的至少 6 倍以上（因為工作人口少了一半，扶養負擔又多了 3 倍）。試想，如果政府要讓台灣的生產效率增加 6 倍，要投入多少成本才能達成？又有多少實質產值是回到企業和人民的口袋呢？

## 圖 1-4　2061 年推估人口比例變化圖

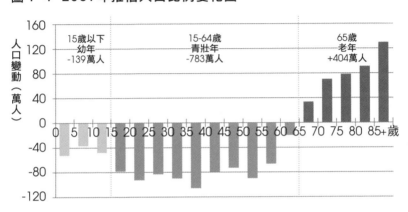

資料取自：國家發展委員會 2016 年人口推估報告

## 圖 1-5　各國 65 歲以上人口占人口比例圖

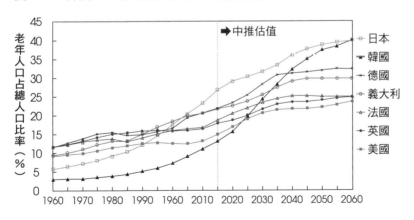

資料取自：國家發展委員會 2016 年人口推估報告

## 從時間和金錢角度看台灣下滑的生育率

那為什麼台灣的總生育率會像溜滑梯一樣持續下滑？我們可以從時間與金錢兩個角度來切入。從時間來看，因為台灣政府廣設大學的政策，與東方社會「萬般皆下品，唯有讀書高」的既有觀念，讓台灣的就學時間明顯延長。現在取得大學文憑幾乎是「必備條件」，這也代表著年輕一輩的學齡時間延長到 22、23 歲，剛畢業的社會新鮮人不太可能有結婚的經濟基礎，甚至還得償還助學貸款，所以需要個幾年來打拚事業，建立不虞匱乏的經濟基礎；等到接近 30 歲左右，好不容易穩定又找到適合的結婚對象了，又為了成家立業背上了房貸與車貸，工作賺取的薪資成為不可或缺的經濟來源，因此再怎麼苦也不能輕易離職；再過個三至五年，經濟狀況終於穩定到可以考慮生兒育女時，已經成為醫學上不容易生育的高齡產婦。台灣的生育狀況就成了「年輕的時候不敢生，敢生的時候不好生」，婦產科醫生要嘛面對年輕女孩避孕甚或流產的需求，要嘛面對高齡產婦想要一個小孩的渴望，這種時間上的遞延，嚴重降低了台灣的總生育率。

再來談談金錢，台灣薪資凍漲十五年以上，已經不知道是第幾次出現在本書中，如果人民對於未來收入增加的期望是負面的，那日趨保守的生活規畫當然是正常的反應。如果剛出社會時的收入，讓人民覺得還學貸及養自己都很辛苦了，要怎麼讓人民相信結婚生小孩的生活會愈來愈好？再加上台灣對於擁有自用房產有著近乎執著的觀念，當台北市、新北市的房價所得比（註：房價所得比＝中位數房價／家戶年可支配所得中位數）在 2015 年第二季升高到 16.1 及 12.95 的高點，意味著在北台灣都會區買房，需要不吃不喝 13 年以上才有可能達成，無疑又加深人民對未來的疑慮。

## 借錢美化 GDP 數據的背後

這已經是全部的挑戰嗎？還不止，未來的台灣人民還要承擔現在與過去台灣政府所累積下來的龐大債務。依據財政部國庫署的統計資料，至 2017 年 11 月底，台灣中央及地方政府所累積「受公共債務法規範之債務」總額為新台幣 6 兆 4,385 億元，負債額度已經達近三年 GDP 平均數 16 兆 6,782

憶元的 38.6%，然而這只是所謂「受公共債務法規範之政府債務」，還必須加計所謂的潛藏債務，才是整個台灣到底透支多少未來的真正狀況。

## 隱藏債務，向未來透支

什麼是隱藏債務？潛藏負債就是政府未來應負擔的法定給付義務或未來社會安全給付事項。根據行政院主計處 2016 年底統計，台灣政府的隱藏債務已經來到了 17 兆 8,564 億元，主要包括「勞工保險」、「舊制軍公教人員退休金」、「公務人員退休撫卹金」、「國民年金」、「農民保險」、「公教人員保險給付」及「軍人保險」七大部分所累積的債務，較 2015 年增加 1,074 億元；上述的負債還僅是政府社會安全給付義務的部分，全台灣還有既成道路面積約六千餘公頃，及尚未取得公共設施保留地約兩萬七千餘公頃的法定徵收費用尚未給付，這兩條預估的經費也要個 6 到 9 兆新台幣左右。然而，台灣一年的 GDP 總產值也才 16 兆上下，卻向未來的台灣人民透支了超過 32 兆新台幣，要現在的台灣

工作兩年才能全數清償。

為什麼政府會這樣拚命借錢？因為 GDP 的規則只看產出，不問成本，所以只要累積產出的速度夠快，丟兩塊錢成本賺一塊錢，對於政府來說也是合理的選項，再加上沒人想當那個揭露真相的烏鴉，畢竟哪個政治人物還會在乎下台後，那些天文數字的債務該由誰負責？於是人民的未來，就在短視近利中被透支的一乾二淨。

以台灣現在的狀況來說，40 歲以上的高年級生實在沒什麼理由指責現在 2、30 歲的年輕人缺乏抗壓性、只會抱怨環境差或是機會少，因為他們面臨的經濟狀況遠比 20、30 年前來得更糟，而且大多數的他們只能無奈地接受現況，因為能夠透過網路等新興經營模式創業成功的年輕人畢竟是少數。如果政府還是遵循那套 GDP 成長就天下太平的理論，台灣經濟惡化的速度只會更快，沒有盡頭！如果一直沒有領導人為這樣的經濟亂象踩住煞車，台灣極有可能成為下一個經濟失落 20、30 年以上的日本。

## GDP 指標無法衡量的，還有人民的幸福程度

從本書的開始一路到看到這裡，相信讀者已經可以得到一個結論，就是台灣政府設定追求 GDP 成長的經濟政策，並不會為百姓帶來安和樂利與富足喜樂的生活。那麼 GDP 這套統計規則到底有哪些致命的缺點，讓人民對於政府宣傳 GDP 成長的政績毫無喜悅的懸念？

GDP 會出現在人類的歷史中，最主要的目的就是要解決當時的美國政府沒辦法衡量經濟政策實際成效的問題，再加上適逢經濟大蕭條時期，美國的小羅斯福政府必須制定經濟復甦政策，將恢復經濟成長當成施政的主要目標，因此 GDP 才會被設計成僅衡量產出的經濟指標，而後來 GDP 指標也正式成為通行國際的經濟指標，各國政府也採用統計一國的經濟表現。此經濟指標的設計有當時的時空背景與經濟環境等條件限制，也有其明顯的目的，現在各國仍持續使用 GDP 指標來度量經濟表現，並成為制定政策的重要參考依據，但如今全球經濟早已擺脫 1930 年代衰退的窘境，持續

不停地追求 GDP 成長，就會引發許多問題，其中最嚴重的就是，GDP 完全不管經濟產出背後的成本與代價，曾經與台灣並列亞洲四小龍的南韓，2018 年已經要挑戰已開發國家的人均 GDP3 萬美元門檻，迫我央行以台灣購買力平價（將物價差距剔除後的 GDP 統計數值）後 GDP 仍高於南韓來解釋，但卻很少人看到，南韓 GDP 數值突飛猛進的背後，付出了多少的代價。

在所有的 OECD 國家中，南韓有規模最大的家庭負債、第二多的派遣工員工總數（沒有合約及國民年金保障的非正式員工），以及最高的自殺率與最低落的幼童幸福指數。南韓政府透過扶植三星等十大財閥，的確貢獻了全國 76% 的 GDP 產值，卻只雇用了總勞動力 13% 的員工，於是擠不進財閥工作的年輕人貧困且看不見未來，擠進窄門內的菁英又面臨過勞問題，然後看著含著金湯匙出生的財閥後代，繼續獨占社會上層階級，社會貧富差距進一步擴大，已經成為南韓維持社會穩定的隱憂。

　　因此，當政府只以 GDP 成長作為衡量經濟成長的唯一指標，幾乎都要面對不當開發對環境造成的傷害、持續舉債對未來子孫的不良影響、針對特定產業補助造成資源使用無效率及國家產業嚴重傾斜、弱勢匯率造成人民購買力持續下滑等的副作用，但決策者看到的只有 GDP 年增率（或稱為經濟成長率）達標，全台灣處於國泰民安、歌舞昇平的表象。

**隱而未現的貧富不均**

　　GDP 指標的另一個問題在於，它只能反應國家的總體產出，並不能反應這些成果的分配狀況，依據朱敬一教授利用財政部財稅資料中心資料，從 1997 年統計到 2012 年的研究指出，台灣前 10％所得者占台灣總所得比，從 23％，一路升至 2012 年的 36％；而前 5％所得者，占比從 16％成長到 25％；至於前 1％所得者占台灣總所得比例，也從 6％增加到 11％，就可以知道政府不計代價拚回來的 GDP 成長，卻沒有雨露均霑地分到每個人民身上。更糟的是，這些收入前 10％ 甚至前 1％ 的高收入者，主要的收入都來自於股票等

資本利得，這也顯示了 GDP 指標無法反應的另一個問題，台灣的經濟制度明顯偏向資本方，資本利得的稅率明顯低於薪資所得，且又享有許多稅賦制度上的折抵，而多數人民又都是受薪階級，自然會覺得政府只關愛資本方，進而激起仇富與仇商思想在社會上蔓延。這邊想要提醒各位讀者，追求財富的自利行為，本來就是資本主義讓社會進步的動力來源。所以從總體經濟的角度切入，政府應該思考如何藉由稅賦設計，來平衡資本利得與薪資收入稅賦不平等的問題，進而改變有錢人不必靠上班薪水謀生、用錢滾錢就能迅速累積財富；市井小民面對房價飆漲、荷包縮水，卻是難以翻身的現況時，反過來想的是，從個人理財的角度出發，既然政府現在的制度偏向資本利得，那正確的努力方向應該是，盡可能增加自己或家庭關於資本利得的被動收入，這樣才能避免自己陷入因結構性問題導致薪水不漲的死胡同中，為自己與家庭贏得更多的收入餘裕與生活彈性。

**財富不是幸福的唯一指標**

　　GDP 指標只能反映國家整體的經濟成長狀況，對於人民的生活品質、快樂與否及幸福價值等攸關人民生活良窳的範疇，則完全未列入估算與評價。美國的猶太裔心理學家亞伯拉罕・馬斯洛（Abraham Maslow）將人生的需求由低至高區分為「生理（生存）需求」、「安全需求」、「愛與隸屬的社交需求」、「尊嚴需求（包含自尊與被他人尊重）」及「自我實現需求」等五個階段。當低階的需求被滿足後，人就會嘗試尋求更高階的需求滿足，而愈高階的需求被滿足了，帶給人們幸福與快樂將會更為巨大且持久。經濟滿足約略等於免於匱乏的安全，屬於安全需求中的一部分；換句話說，金錢財富對於人生來說，僅屬於第二階段的需求滿足，所以用 GDP 這樣純粹反應總體產出的指標，作為衡量政府施政是否符合民意的指標，實在是太過短淺了些。再從個人的角度出發，除非收入真的無法達到最基本的食衣住行物質水平，不然將累積財富作為滿足生命需求的手段，其成效不會太好。適度的慾望可以成為讓人上進的動力；但過強的物

質慾望，只會成為摧毀幸福的炸藥。對於物質生活到底是「需要」還是「想要」，值得每個人靜下來好好思考。

依據諾貝爾經濟學獎得主史迪格里茲（Joseph Stiglitz）與沈恩（Amartya Sen）等學者所組成的「經濟績效與社會進步評估委員會」（Commission on the Measurement of Economic Performance and Social Progress）於 2009 年提出的報告中，人類福祉是牽涉到健康、教育、個人工作、環境品質、社群關係以及物質生活水準等多個面向，所以我個人認為，衡量人民生活水準的指標應該要更全面性，像是經濟合作與發展組織（OECD）在 2011 年發表了「美好生活指數」（Your Better Life Index），此指標即是將一般民眾作為量測方法的主體，並且鼓勵人民去學習參與那些會影響日常生活之政策的制定流程。簡單來說，「羊毛出在羊身上」，要了解人民是否過著幸福的生活，最直接的方法就是詢問一般大眾的意見，而若能以這項調查結果去引導各項政策的制定與決策，也是間接提升了人民對政治的參與度。OECD 更列舉了以下十一項攸關人民生活幸福的指標項目：

---

**OECD 人民生活幸福指標**

1. **自有住宅（Housing）**：是否擁有自己的房子；房屋狀況是否良好。

2. **收入狀況（Income）**：薪水、工資、利息、收租費用、公司利潤、其他收入⋯⋯等等。

3. **工作狀況（Jobs）**：是否有正職工作；或是長期失業。

4. **社群網絡（Community）**：人脈資源；交友圈的品質；親人朋友的支持。

5. **教育水準（Education）**：教育程度；教育品質；學歷；識字率；閱讀技巧。

6. **環境因子（Environment）**：主要是空氣和其他各種環境汙染。

7. **政治參與（Governance）**：投票率；國家政策制定的透明度。

8. **衛生保健（Health）**：平均壽命；主觀的健康狀況。

9. **生活滿意度（Life Satisfaction）**：主觀的對目前生活品質的滿意調查。

10. **治安好壞（Safety）**：犯罪率；傷害或兇殺案件發生率。
11. **工作與生活的平衡（Work-Life Balance）**：工時是否過長、休閒與自我照護時間的比例、雙薪家庭的比率。

　　經濟成長絕對不等於國家進步，更不等於人民的生活水平與幸福程度，爾後若聽到政府公布某項政策，在最後來這麼一句：「這項政策的成功，可以提高我國的 GDP 成長率 X 個百分點」時，千萬別以為這就是政府拚經濟的唯一方式，更別認為這些拚經濟的政策都沒有副作用，更期待政府能慢慢從「GDP 成長上癮症」中解脫，因為 GDP 指標不足以引領台灣邁向新未來。

part

# 現況已經如此,下一步呢?台灣的新未來

在 Part I 了解台灣當前種種困境後,下一步台灣應該怎麼走?本單元從經濟面、政策面、產業發展面、資訊面來分析,像是少子化及嚴峻的舉債,是台灣所面臨不可逆的問題,雖然任何政策都難有立竿見影的成效,但是從政府到人民若能一改原本追求 GDP 數據的思維,全台灣的幸福感都有大幅提升的機會,整個社會氛圍也能吸引更多人才留在台灣。

　　如果說，用 GDP 指標追求經濟總量成長是不聰明的，那怎樣做才是聰明的方法？且讓我說個〈原始人三部曲〉的故事吧⋯⋯

　　從前有個原始的村落，因為村內的土壤鹽分太高，無法種植農作物，因此村民的維生方式，都是用削得尖尖的竹子在附近的湖裡捕魚。捕魚的工具很原始，又得小心捕魚以免工具掉進湖裡，所以一個人一天只能抓到兩條魚，剛好只夠自己裹腹。有一天，村民趙二突發奇想，如果能在自己船上裝上另一根竹子，然後將兩個竹子用繩子綁起來，就能使勁往水中刺魚，不用再害怕竹子沉到水中。為了製作這樣的工具，他挨餓了兩天沒去捕魚。

　　趙二用新工具果然大大改善了捕魚的效率，一天可以抓到 5 條魚，這也讓趙二的生活開始有了休閒時間。趙二可以把捕來吃不完的魚做成魚乾保存起來，就有時間發呆、睡覺與逛森林。這樣愜意的生活讓他的鄰居王朝與馬漢非常羨慕，於是兩人請求趙二幫他們的船也裝上這樣的工具，他們

願意把這星期捕來的魚，分一半給趙二。對趙二來說，這是個不會吃虧的交易，於是就幫王朝與馬漢的船都裝上一樣的工具。於是，三個人都具備了每天抓 5 條魚的效率，讓他們的生活多了許多存糧與時間。

你看出這故事的重點了嗎？首先，趙二做的事情就是技術上的革新，用腦力發明了可能更有生產力的工具，但創新絕對有風險。如果趙二沒辦法做出新工具，或者新工具根本不能用，那趙二所花的這兩天等於白白挨餓了。更關鍵的是，村落魚獲量的增加，是因為趙二他們三人想要一天吃 5 條魚，才使得魚獲量上升嗎？當然不是，而是趙二想要改善生產方式以免除遺失維生工具的恐懼，意外得到更高的生產量和休閒時間。反過來說，如果趙二一開始只想著每天可以多吃幾條魚，卻不去思考如何讓自己更有效率地捕魚，估計趙二可能就會想要去偷王朝與馬漢抓來的魚，而這兩位鄰居怕魚又被偷，只能約好每天一個人去捕魚，另一個人留守家中，這樣王朝、馬漢與趙二通通都要挨餓，部落整體糧食生產量最終反而萎縮。所以，若只想靠鼓吹消費來促成經濟產出增量，

只是一種透支未來的做法罷了。最合理適當的做法，就是從生產面直接提升效率。

## 刺激需求不如改善生產面

回到現實，一直說台灣困境太沉重，讓我們看看海峽對岸的中國大陸吧。2015 年第四季，大陸的 GDP 季增率為 6.8%，2015 年全年 GDP 年增率為 6.9%，雙雙跌破北京政府 7% 穩增長的臨界線，若依照 2008 年北京當局應對金融海嘯的老路子，這時候應該要出台的政策應該是「XX 兆人民幣擴大內需政策」、「OO 兆人民幣家電下鄉補助」、「調降銀行存款準備率」、「興建 OO-XX 高速鐵路」……等等刺激需求端的灑錢政策。

然而，北京政府這次不這麼做了，2016 年對岸最火紅的經濟口號是「供給側改革」，這是完全迥異於上述需求端刺激的政策，同樣面對供過於求導致經濟衰退的問題，供給端反過來檢討生產效率，調整經濟結構，使供給側各要素實

現最優配置，以促進經濟增長。北京政府更提出「去產能、去庫存、去槓桿、降成本、補短板」這五大重點任務，因為北京政府已經體認到，如果不注重「轉方式」、「調結構」，只為了短期經濟增長而實行刺激政策，必然會繼續透支未來增長。

為什麼北京政府不再繼續走刺激需求救經濟的老路？首先，刺激需求救經濟的方法，雖然可以得到立竿見影的效果，但也造成債務占 GDP 比率上升、資本生產率下降、生產者價格持續下滑、產品品質無法提升及僵屍企業盛行等嚴重的副作用。所以，北京政府看清楚了以下關鍵：

未來 GDP 總產值不可能一直高速且無限制地成長，追求需求端的刺激無法真正帶領經濟走出困境。

供給側改革會面臨到什麼問題？要去產能、去庫存，就必須放手讓效率不彰的企業關門倒閉；去槓桿，會讓各種商品交易市場價格下跌；降成本，就必須花更多的錢來研發技

術，讓生產模式進步；補短板，有賴政府回歸守門人職責，交出不應該承擔的權力，承擔應該承擔的責任，並且放手讓民間及市場自由摸索試探，進而找出最有效率的產業模式與組合。換句話說，供給側改革絕對不是特效藥，而是一帖苦口的良藥。

北京政府遇到的麻煩，是不是跟台灣政府很像？這沒什麼好奇怪的，因為兩岸政府之前都是凱因斯需求經濟學派的信徒，兩岸政府所碰到的經濟困境也曾經是類似的。當北京政府改懸易轍要走第二條路時，台灣政府能從中得到怎樣的啟發？

## 長痛不如短痛

我認為台灣政府該有的第一個啟發是「長痛不如短痛」。

儘管供給側改革必定會遇到企業倒閉後的員工抗議，

媒體及反對黨整天追著不再成長的 GDP 數字窮追猛打，習慣各種補貼的人民會開始因為吃不到糖而抗議，龐大的股民因為股票價格下跌而罵政府⋯⋯這些都是台灣政府必須面對的改革陣痛。然而，台灣目前的經濟就像是進了加護病房的病人，需求面的刺激就像是強心針，可以讓台灣感覺好像病好了，例如 2009 年推出的「消費券」等刺激政策，讓台灣 2010 年 GDP 年成長率超過 10%，或是 2015 年補助人民購買節能電器、將網路服務升級到 4G 等等政策，那時政府看似英明有為，隨著時間拉長，強心針的藥效退了，就是水晶馬車要變回南瓜的時刻。更糟的是，刺激經濟所投入的成本，全都悄悄地成為政府的負債數字，然而前述台灣經濟所有的病徵依舊都在，只是換了一批人進入政府，將需求刺激的政策換成另一個新穎酷炫的名字再來一次，讀者真的還想要這樣海市蜃樓的繁華嗎？

不只是台灣，全世界政府在金融海嘯過後，好像都中了印鈔票救經濟的嗎啡毒，無論是直接擴大貨幣供給，無中生有的創造貨幣；或者是大幅舉債，向未來借些零用錢花花；

不然就調降利率，甚至直接使用負利率，為的都是拚了命地創造出很多的錢。然而，擁有錢只是「看似」有用，真正有效的是這些錢背後的「購買力」，如果全世界窮得只剩下錢，企業看不到投資機會、人民不敢奢望未來會更好，這些錢最終只會竄回土地、房屋、貴金屬這些過去保值的東西，炒高價格後又成為另一顆隨時可能破裂的資產泡沫。

## 放在口袋裡的才是真的

　　台灣政府該有的第二個體認是「營收多少不重要，賺了多少放口袋才重要」。過去政府為了好看的 GDP 成長數字，利用公共建設、都市更新、設置科學及工業園區、弱勢匯率等政策，拚了命地將土地優先給最能製造 GDP 產值的製造業，甚至在北京當局騰籠換鳥想要淘汰產能過剩及高汙染高危險低附加價值的製造業時，台灣政府竟逆向推動「鮭魚返鄉」政策，鼓勵這一類北京當局亟欲淘汰的廠商返回台灣。當然，台灣有愈多的廠商從事生產事業，就能持續推高 GDP 的總產值，然而連幅員遼闊的北京政府都已經開始在篩選更

具競爭力的製造業廠商，要求供給端提供環境評估的證明；台灣政府卻張開雙臂歡迎這些還對環境有害、對產業發展益處有限的廠商，這正是糾結於 GDP 數據的迷思，無法從經濟刺激措施的窮途末路中開創新局的實況。

　　台灣此刻需要的不是政府跳下來評估各種產業的去留，而是打造一個公平競爭的市場，並且給市場一些時間和空間。市場才是最聰明的決定者，也是最殘酷的評判者，當市場淘汰了某些企業時，政府也必須耐著性子別插手，因為唯有經過淘汰賽淬鍊的公司，才能發展出獨特的護城河，用更少的生產資源，提供附加價值更高的產品與勞務服務。

## 借錢養家非正途

　　台灣政府該要有的第三個認知是「請把國家當作自己的家」。不論你是否需要負擔家計應該都知道，拚命借錢擺闊對家庭經濟是死路一條；然而，政府卻在數字會說話的迷思下，一直用債務供養一堆明明撐不起來的大型開發、刺激政

策、國防武器與福利年金支出。如果政府真的把國家當自己家，不但不該負債借錢養家，任何的消費支出都該建立在嚴謹的 C/P 值評估，而不是漫無目的灑出 10 塊錢，製造了 5 塊錢的 GDP 產出，就當成政績向人民報告。

如果國家是自己的家，執政者就不會有一種「只求安全下莊」的消極心態，也不會為了選票，推出只求速效不管後果的政策，更不會在政務官下台後，頻頻出現「真心話大冒險」的奇景。民主國家的施政原則是民意，但是當民意思慮不周時，政府有責任用專業來說服人民正確的方向，而不是一方面抱怨人民多愁善感又難搞，另一方面又要公務人員「傾聽民意，苦民所苦」，這樣下去，政府只會把人民跟自己都搞的暈頭轉向，苦不堪言。要維繫一個家庭感情的不二法門就是，資訊透明與成員間不斷地溝通，而這也是政府必須持續對人民做的事情。

用舉債透支未來，用負利率掠奪儲蓄，真的要這樣讓前後代的人民記住我們的貪婪與無知嗎？

## 讓錢自己去投票

在進入這個主題之前，先接著說說〈原始人三部曲〉的故事。

有一天，村長奉命來部落視察，並且跟部落裡的人說：「因為部落都不從事耕作，導致本村的糧食總產量未達上級要求標準。」為了讓部落裡的人放棄捕魚。村長從背後的馬車上，拿出一整袋的馬鈴薯送給王朝、馬漢等村民，只要他們願意改種馬鈴薯，未來半年內，每個月村長都會送他們一袋馬鈴薯，王朝、馬漢秉持的贈品不拿白不拿的心態，就答應村長開始種植馬鈴薯。半年過去了，王朝與馬漢為了照顧馬鈴薯，也不再去湖裡捕魚，但村長給的種子始終長不出馬鈴薯，又過了三個月，王朝與馬漢吃光了之前存下來的魚乾及村長贈送的馬鈴薯後，只好心不甘情不願地再回到湖上去捕魚。

王朝與馬漢明明知道部落土地的鹽分過高，並不適合栽

種農作物。然而，他們卻都在村長贈送馬鈴薯的誘惑下，做出了不適合的生產決定，最終也都付出了消耗儲蓄的代價。如果把村長送的馬鈴薯看成政府的補貼，這些政策是不是也會讓台灣走上明明不該選擇的道路。

## 歷史上的小政府

　　寓言故事不夠真實？那就從歷史中找答案。台灣的歷史課本提到，中國的漢唐盛世，國土遼闊、萬夷來朝、泱泱天朝、唯我獨尊；這樣的論點十分耳熟能詳，然而，課本沒提到的是，漢武帝為了爭討匈奴，不但花光了前朝的積蓄，還大搞鹽、鐵、酒等國營企業，與民爭利，廣發銅錢因而造成通貨膨脹，致使多數務農百姓手中貨幣購買力大幅降低，迫使他們必須賣地賣妻賣女來繳納政府稅金，致使土地等生產資源大量集中於富豪官僚之手，失去土地的農民，成群結隊的遊蕩在漢王朝的土地上。儘管繼任者漢宣帝提倡官員節儉，國家依舊在當時最富庶的關東平原上爆發了十六次的流民暴動，而這些沒有土地的農民，最終也成為西漢滅亡的導

火線。

反觀宋朝，教科書說它積弱不振，既無法光復燕雲十六州，甚至連個小小的西夏（大約是漢朝的西域）都搞不定，然而根據《紐約時報》（*New Times*）在 1980 年代提出的宋朝經濟資料，北宋仁宗年間的人均 GDP 約為美金 2,280 元、南宋孝宗時代的人均 GDP 為美金 2,600 元，這種經濟成果是在沒有電、沒有自來水、沒有石油與網路的數千年前所創下的紀錄。在不考慮通貨膨脹與貨幣購買力的因素下，北京政府要到 2006 年才成功超越這個數字。至於教科書裡的盛世，漢與唐朝的經濟總量，估計數字低到《紐約時報》沒有寫入報導裡。諷刺的是，宋朝從未將追求 GDP 成長，作為政府的施政目標，卻反而繳出亮麗的成績單。

再來比較唐宋兩朝的糧食產量。唐朝是歷史課本嘖嘖稱許的盛世，在其三百年的治理期間產出了 590 億斤的糧食；南北宋加起來也差不多三百年，共生產出 1,280 億斤的糧食，大勝唐朝一倍有餘，如果再考量宋朝領土不到唐朝的一半，

宋朝的糧食生產效率是唐代的四倍有餘。

　　為什麼宋朝能在數千年前，就創造出如此驚人的經濟實力？首先，宋朝有個簡單而明確的規則，宋太祖在登基當年，就頒布了全世界第一本稅法〈商稅則例〉，裡面的精神很簡單，所有的商品只課徵 2% 的商品稅，此後任何公家機關不得再徵收其他的行政費用。宋朝既沒有設定官方要「重點扶持」哪些產業，也沒像漢朝一樣，將鹽、鐵、茶、菸、酒等產業限制只有國家可以做。換句話說，宋朝政府從不「誘導」民間該從事哪些產業，也不跳下來跟人民搶生意，當時的政府只做好一件事情——架構一個公平、簡單的稅制，然後放手讓民間自己創造財富。

　　第二個關鍵，宋朝是「小政府」的堅定信仰者，若說宋朝真的有哪部分「積弱不振」，那就是代表國家行使行政權的官員權力「貧乏到接近沒有」。宋朝一方面用優渥的俸祿，讓官員們衣食無缺，另一方面則嚴禁官員不得經商牟利。官員的俸祿有多豐厚？一個七品縣令的月薪就有 30 兩銀子，

如果以當時的米價折算成現在的薪水，幾乎相當於新台幣 50 多萬！這也是為什麼宋朝幾乎沒有什麼官員貪汙——沒經濟壓力幹嘛還要貪汙？

既然給了官員胡蘿蔔，自然就可以很嚴格地要求官員不得經商牟利，因為宋太祖很早就看出，官僚階層一旦真正掌握權力，就會開始與民間爭利，因此宋朝非常禮遇官員——除非犯了前述的經商罪。光宋太祖一朝，就因為這條法律摘了 29 個高官的腦袋。一個過去我們認知積弱不振的朝代，卻早早知道要防範官商勾結，真是讓人感嘆目前所謂的民主政治，其實只是變相的金權分贓的利益共享體！

宋朝做得還不只如此。「簡政輕稅」只是打下宋朝經濟發展的基礎，讓宋朝真正發光發熱的重點在於「獎勵文化」。以司馬光為例，作為一個處處與宋神宗新政作對的大臣，不但腦袋還在，俸祿照領，宋神宗還願意支持他撰寫《資治通鑒》來罵自己，更在出書前幫司馬光寫序。如果最高當權者都這樣禮遇文化，整個宋朝出了歐陽修、蘇洵、蘇軾、蘇轍、

周敦頤、司馬光、張載、曾鞏、王安石、沈括、程頤等族繁不及備載的文學大家們，也就不足為奇了。

朝廷放手、民間憑藉創意自由發揮的經濟模式，在宋仁宗時代達到顛峰，當時首都汴梁已經是個人口百萬的大都市，汴梁百姓隨時可以吃到各式各樣的美食、到不同劇場欣賞說書、講史、雜耍、戲劇與舞蹈。不僅是宋朝首都汴梁，還有洛陽、穎昌、成都、蘇州、廣州等都是人口稠密的大都會，而當時歐洲最大的城市不過就幾十萬人口而已。宋朝國土面積小歸小，卻是繁榮富庶，對於百姓而言當然樂見其成；但對於封建官僚而言，手上沒權沒錢就不能建功立業，不能仿照漢唐盛世討伐異族，為自己在史書上博得個好名聲，於是宋神宗時代終於產生了王安石領導的變法，卻反而成為宋朝由盛轉衰的重要關鍵。

## 利用制度向人民榨取財富

教科書上說，王安石是個有理想的人，為了讓宋朝國家

國力強盛，所以主導了「青苗法」幫國家籌措財源。這樣聽起來青苗法應該是個類似宋太祖提過的〈商稅則例〉的稅賦法令嗎？其實不然，青苗法是國家興辦的「高利貸」，縣官每年二月及六月發放為期半年的貸款給轄區的農民，然後按照 40% 的年利率向農民收取利息。那麼高的利率，農民不借總可以吧！不行，這是國家的政策，每個人都要遵守。

　　硬是不遵守嗎？沒關係，各地縣官將青苗法的法定額度下授給保長（類似今天的里長），以成果導向要求保長無論任何手段，都必須完成政府規定的放貸金額，這就是教科書上提到新政中的「保甲法」，這種沒有程序正義，只問收入成果的國家政策，真的能達到讓國家強盛的目標嗎？於是原本安居樂業的人民變成了國家搶奪財產的對象，只能散盡家財，將土地抵押給這些保長官府，自己淪落為沒錢沒地的流民。這時的宋朝已經從「藏富於民」、「不與民爭利」轉變為「國富民弱」，土地與財富藉由政策快速而大量的集中於官僚體制與少數權貴人等的手中，宋朝又走回漢、唐兩朝的老路，再加上宋徽宗為了建功立業，想要取回燕雲十六州，

竟然背棄長達百年與契丹的外交盟約，結果就是東京繁華，毀於金人一旦。

## 政府請把手放背後

宋朝成功的原因是什麼？政府帶頭打造一個自由競爭的市場環境，儘量減少政治官僚對於經濟政策的干擾，並帶頭提倡崇尚文化藝術的良好風氣，讓社會知道「創新」才是最有價值的。只要你有本事，在自由風氣的市場中，一定會有你存在的價值與位置。

DRAM——動態隨機存取記憶體，是政府 2002 年兩兆雙星計畫其中之一的主角。自 2007 年起，此產業陸續有些公司出現營運不佳，帳上現金不足以支應負債的情況。當時政府想的就是「不能倒」，所以不斷祭出紓困、債務展延、降低貸款利率等救援計畫，甚至政府還介入引導民間企業相互合併，結果，表現不佳的公司擋不住市場的考驗，還是下市了；而當這些經營不善的公司淘汰出局後，供需端自然又

出現了平衡，只是都沒有人問過政府，之前到底丟了多少資源到這個歹戲拖棚的救援計畫中？

由於 DRAM 是政府重點培植的產業，政府會用種種優惠來扶植相關的企業，而這些多重的優惠吸引民間投入過多的資源，創造出過多的產能。當外在環境尚稱和緩時，這些過量產能帶出的產出和市占率就成為政府拚經濟的正字標章，就像風和日麗時，浮萍布滿池塘般的安詳與美麗。然而，一旦市場波動，過量的產能自然就會陷入優勝劣敗的淘汰賽中，這時政府又用「之前投入了多少成本」、「倒閉後壞帳高達多少億元」等理由，持續將資本挹注在這些搖搖欲墜的公司上，實在是 GDP 的迷思，導致政府作繭自縛。

除了對於特定產業的計畫經濟外，台灣政府過去還喜歡讓台電及中油等國營事業虧損，藉此壓低電價及油價。乍看之下，低油價與低電價對於一般平民百姓也有益處，然而，台電與中油都是國營事業，當虧損大到影響公司存續時，政府勢必得動用稅收來增資，而這些稅收同樣是出自你我的口

袋，一般民眾並沒有如想像中受益，再加上台灣民生用電僅占總用電量 20% 左右，高達 50% 以上都是工業用電，平民使用的便宜能源其實不多，政府等於變相從平民的口袋拿錢補貼、施惠於企業財團。

低油價及低電價更嚴重的問題在於，政府給予民間錯誤的誘導，讓民間認為高耗能的產業依舊有利可圖，進而持續在台灣投資相關產業，而這將造成環境嚴重的破壞。台灣本來就是個地狹人稠的島國，土地與環境應該都是政府最需要保護的珍貴資產。況且環境一旦遭受破壞，復原可是一條漫長且耗資龐大的痛苦過程，只是台灣政府似乎依舊秉持著經濟成長最大，所以白海豚絕對會自己轉彎，縣政府可以帶頭不甩環評結果繼續海岸度假村的開發，這些都是行政權力干涉經濟運作，及政府用不當補貼扭曲資源配置的不良示範。

## 政府欽點即虧損保證

所以，政府應該要重新評估哪些產業值得補貼嗎？別鬧

了，這只會再一次印證「政府欽點、虧損保證」的定理。之前的台灣政府一直認為，某些特定產業中，一定要有一兩家企業規模要夠大，這樣才能去打亞洲盃、世界盃，這其實又是一種倒果為因的謬思。這些大企業之所以能茁壯，就是因為它能一次又一次地通過市場的考驗，從小蝦米慢慢長成大鯨魚。如果這些企業的規模，都是在政府細心呵護的溫室裡長成，當企業真正野放到叢林時，怎麼可能還會有競爭力？所以我認為，一個健康的經濟體，不是看裡面的企業規模可以長到多大，而是該看看這個經濟體裡面，有沒有無數個中小企業，在各個不同領域中都有著良好的表現；而非一個企業營收衰退，就讓整個國家的經濟重感冒。我並不排斥大企業的出現，因為一個健康而沒有限制的經濟環境，最終一定會出現幾個一路從小贏到大的公司。但我堅決反對政府為了所謂的企業規模大小，在補貼與補助的溫室中培養虛胖的肉雞，最終卻成為其他企業弱肉強食競爭中的犧牲品。

不只是台灣政府在選擇產業上的成績不好，日本也曾為了挽救其國內的產業，由政府化身基金會的模式出資成立

一些革新機構，其目的就是為了將資金挹注在政府認為對日本經濟發展有利的公司。那這些革新機構將資金投在哪些公司？2016 年 3 月要面臨 5,100 億日圓貸款還不出來的夏普，還有 2015 年 7 月確定作假帳的東芝。

在信奉 GDP 愈大愈好，及事情愈少愈好的政府思維下，第一時間想到是這些大企業一旦倒閉，背後衍生的失業、政策檢討、經濟數據難看、相關單位主管在議會挨罵……等問題，導致於這些革新機構名為革新，卻成為日本政府的「落難電子業救援大隊」，而真正需要資金的「新創」小型企業，革新機構卻連三億元日圓都不願意投資，而這家研究雙足機器人的小企業，最後連人才帶技術被 Google 整碗捧去。

### 杜絕優養化，讓錢與人自行找尋位置

還記得生物課本中的「優養化」嗎？優養化就是水中的氮、磷等營養素過多，致使藻類的大量繁殖，而引起水質惡化，並造成其他水中生物的大量死亡。通常優養化的這些營

養都不是天然的，都是人施肥等因素改變環境。政府的補貼其實很像這些過多的營養素，因為短時間看來取之不盡，所以很容易培養出像浮游藻類這樣只求快速產出衝量的企業，利用優渥的環境來賺取一大筆的機會財，但因為正常環境中，該有的氧氣通通被這些低生產效率但可以快速衝量的企業拿走了，當然就排擠了其他企業的生存空間，最終就是國家經濟環境的惡化與困頓。怎麼解決水質優養化的狀況？就是要從禁絕那些營養源再度流入水中開始。

　　如果政府的組成結構本來就不適合做追求效率的事情，就請移開那隻看得見的手，讓市場那隻看不見的手去主導資源該怎麼分配，因為中國三千多年的歷史告訴我們一個事實，宋朝是唯一成功將財富與創新畫上等號的朝代，也是唯一一個經濟、文化、科學、數學、天文、航海、藝術（除了國防）百花齊放的朝代，南宋的貨幣更是通行於東南亞、日本、韓國印度及北非，成為比英鎊與美元更早通行於天下的國際準備貨幣。因為崇尚無為而治的政府，才能讓人民在自利的天性驅使下，讓錢與人自己找到最適合的位置。

## 不要 No.1，追求 Unique.1

讓我們繼續〈原始人三部曲〉的故事。

趙二沒有因為村長「種馬鈴薯就送馬鈴薯」的誘惑，依舊以捕魚及幫人製作工具維生。當村民發現種馬鈴薯沒搞頭後，紛紛回到老本行，並找趙二製作及維修捕魚工具。趙二的生意愈發興榮，就成為專職的製造商，不再去捕魚。甚至後來訂單量大時，趙二也會請王朝及馬漢來幫忙，並付給他們一半的收入當做酬勞。

過了一段時間，王朝與馬漢起了一個念頭，他們協助趙二製造與維修捕魚工具是賺了不少魚乾，但老覺得工作是自己做，酬勞卻要分給趙二一半，實在心有不甘。兩人琢磨一番後，決定自立門戶。但他們也知道趙二是村裡第一個懂這門技術的，想跟他搶生意，產品必須有所不同。於是他們改用兩條繩子繫住刺魚的竹子與船，號稱「多了一條，價格不變」、「多綁一條，穩如泰山」。於是村民有了兩種不同的

刺魚工具選擇。

　　王朝與馬漢的新事業開張後，趙二的生意果然大受影響，但因為之前累積了許多魚乾，生活還能維持一陣子。趙二對於王朝與馬漢這種接近抄襲的行為既生氣又無可奈何，眼看著生意日漸慘淡，趙二決心要改良捕魚工具。有一天趙二做工具時突然想到，為什麼抓魚只能用刺的呢？這樣不但不容易命中水裡的魚，刺到了還要把魚從工具上拔下來，多了一道程序、浪費時間。如果可以像裝水的容器那樣，從湖中將魚撈起來，水又可以自然排乾，不就可以有更好的捕魚效率？在經過一番的測試後，趙二發明了用繩子編織成的漁網，同樣可以綁在之前的漁船上，這讓部落的人因為能捕更多的魚而開心不已——唯獨王朝與馬漢笑不出來，因為沒人要買他們的刺魚工具，而趙二也不再教他們如何製作漁網。

　　故事中王朝與馬漢模仿趙二的刺魚工具，其實就是一種在原有市場裡搶市占率的概念，他們的思維就是想當 No.1；而趙二後來的創新，就是完全從使用需求出發，做出當時獨

一無二的新概念商品，也就是走另一條 Unique.1 的道路。

曾經聽過一個無奈，但卻寫實的笑話：「美國人發明一個全新的商品或者服務，並將它發展到 80 分的水準，然後日本人接手繼續精進到 99 分，接著韓國、台灣、中國大陸（現在已經有想要跳脫的企圖）、東南亞國家一個個接手 cost down、cost down、cost down……。這時候美國早就拿著之前累積的資本財，開始另一項新商品或概念的研發，然後歷史就這樣 again and again and again……。」

## 標準答案抹煞創意

總覺得台灣對於 No.1 的重視，始於文憑主義，求學的目的就在於比同學取得更好的分數、更棒的升學條件，以便進入更有名的學校，拿到更亮眼的文憑。而在這樣的教育思維下，「標準答案」就變得非常重要，因為沒有標準答案，就不存在著公平性，也就不可能分辨出哪個人可以拿到比較高的分數。這種標準答案的教育邏輯，很容易讓學生對事實

做出非黑即白的判斷。

　　正如前面我提到的例子，或許有些人會驚訝於我所描述的宋朝與一般的認知有些出入，但因為教科書中的王安石必須維持一個「認真負責」的好人形象，才不會破壞標準答案的原則。所以一般人讀到的歷史教科書都是：王安石的變法圖強是毀在新舊黨爭的意見不合，卻沒說「青苗法」其實是個政府想要搶錢的高利貸。那依此邏輯，王安石政治上最大的對頭司馬光就是壞人？不行，因為司馬光寫了一本重要的編年通史《資治通鑑》，而且是個從小就知道敲破水缸救人的神童。最簡單的方法，就是內容只要強調王安石的變法圖新，以及司馬光修史的片段歷史，這樣既不用解釋北宋新舊黨爭的緣由，也不用深究王安石變法圖強是不是將人民的財富擺到政府的口袋裡，如此一來，王安石與司馬光皆是對歷史有貢獻的好人。所以我小時候讀歷史課本時，總覺得古人都好極端，不是完美的沒有缺點，不然就是糟糕到毫無優點。

　　然而等到出社會後，就知道現實環境中根本不存在放諸

四海皆準的標準答案，經濟學也清楚地告訴我們，做任何決定時，背後都存在著遭到犧牲的機會成本。既然現實生活本來就不像童話故事那樣單純，為什麼我們的教育還要灌輸下一代「跟著標準答案走就對了」這樣的觀念？教育的真正用意，應該是培養學生分析問題、找出解答與獨立思考的能力，因為標準答案只存在於升學考試的考卷上，而考卷上的 100 分，並不一定等同解決現實生活遭遇問題的能力。

也因為要拿到高分才能成為 No.1，所以循規蹈矩、走旁人走過的路，成為最安全的策略。然而，這正是抹煞人類好奇天性的最快方法，當跟著前人的步伐走成為一種習慣後，大腦就會自動將不遵照規則的選項給排除，久而久之，創意與好奇，就從台灣的社會中慢慢式微。這也是多數台灣的父母對小孩的期望：「拿到一張不錯的文憑，自己找到一個穩定的工作，娶（嫁）一個有穩定收入的另一半。」這裡不是要所有人都走上創業這條風險比較高的路，更是希望台灣的教育，別再埋沒小孩天分跟冒險動機。

## 缺少感動人心的創意無法持久

發展觀光業一直是台灣政府努力的方向，但不曉得大家有沒有察覺，由北到南的老街，無論過去的歷史與形成聚落的緣由有多麼不同，都打造成類似的模樣來吸引人潮，最終成了觀光客打卡加填飽肚子後就走人的景點。而政府採取的方式，從過去開發宜蘭的北宜高，到近期延長高鐵到屏東以救墾丁觀光，依舊離不開交通建設萬萬歲的思維。北宜高開通後，受惠於從台北到宜蘭的時間驟然縮短（在不塞車的前提下），赴宜蘭旅遊旅客數量的確有增加，但便捷的交通反而降低旅客停留在宜蘭的時間，這對深度發展宜蘭觀光反而變得不利；二來大財團全數湧至宜蘭興建飯店，宜蘭在地觀光產業又真的受惠了嗎？

與其老想著藉由便捷的交通建設，從外地引入旅客，不如先思考如何在區域內，建立互連互通的便利交通網，這種交通網可以是汽車、機車、腳踏車等租賃，也可以是景點間互通的觀光巴士。如何讓每個老街都回到過去那不一樣的歷

史背景，可否與在地文史工作者結合，替想要深度了解文化的遊客，提供專人或耳機式導覽服務？另外，台灣政府願不願意進一步開放醫療旅遊等新型態吸引歐美高消費客群的觀光模式？允許部分醫療體系，在追求公平的健保體制外，藉由自我創新走出另一條不同的路？要達到上述的目標，政府又有哪些法規需要調整或鬆綁？

## 政府的角色不是下指導棋，而是創造環境

很多時候，政府往往把自己的角色擺錯位置了，政府不用也不該指定或發明什麼是 Unique.1 的創意，政府該努力的是如何催生與維護具有 Unique.1 創意的環境。而 Unique.1 的管理不可能是良率與數字至上；宋朝有大張旗鼓的補貼出版業嗎？但一國之主宋神宗卻可以為自己的臣子司馬光出的書寫序，這就等於公告全國人民，在文化的面前，沒有政治的階級與尊卑，也不存在財富多寡的差別，只有對於知識與專業的喜好與尊重。台灣何時才會有一個總統，願意為一本與自己、政黨、權力、政經等全然無關，甚至內容可能是批

評自己施政方針的書親自寫序？願意編列預算去拍攝關於台灣文學、藝術、人文乃至於自然的紀錄片？做這些事情不會拉高 GDP，短時間來看絕對是個賠錢（但跟蚊子館與年金支出比起來少多了～）的決定，但文明這種東西只能靠這樣慢慢的累積，這是一種屬於無法估價的潛在價值，一種無法用補貼立即衡量的軟實力。

　　軟實力是什麼？根據提出者美國哈佛教授奈爾的定義，軟實力是一種能夠「產生吸引力的資產」，如果投射到國家的產業競爭力上，我們可以將之簡化為：「可以感動別人、贏得關注的能力。」過去台灣曾經做到全世界 90% 的筆記型電腦生產壟斷地位，然而這樣的成果有讓世界感動？進而贏得關注？我們得到的，只是品牌端不斷要求的成本折讓，以及大陸、東南亞等其他國家在製造端上的步步進逼，因為我們選擇了一個爭奪 No.1 的戰場，一個以數字為導向的產業。

　　台灣讓世界記住的有什麼？從鄧麗君開始，到後來的周杰倫、蔡依林、張惠妹、五月天，華人音樂圈的主流一直在

台灣不斷地演進；走過五十年的金馬獎，已經從官方主導的獎項蛻變為亞太地區最受關注的電影獎；台灣豐富的人文建築、自然景觀及便利的交通建設，更是 2015 年吸引破千萬外國人來台旅遊背後的重要關鍵。如果台灣讓別人記得的項目都不在電子代工產業、都不是成為兩兆傷心的兩兆雙星，為何台灣政府老要補助自己的下駟產業，來與其他上駟的對手來競爭？

關於 Unique.1，政府可以做一個四處播種的農夫，把這樣鼓勵創作、創新的種子灑在國家裡，然後就是靜待它們發芽茁壯。只要政府不要帶頭製造主流產業的框架，民間自然會有活力到處闖蕩與嘗試，或許另一個驚人的創意，就會這樣悄悄地誕生。

## 讓陽光灑進來

2016 年的總統大選，台灣出現了第三次的政黨輪替，先前的執政黨在這次選舉中無法連任，這裡面當然有很多的原

因，不過凝聚反對聲音的兩大關鍵，則是 2013 年的洪仲丘事件，及 2014 年因為立法院服貿審議黑箱的程序爭議，繼而引發的太陽花學運。這兩起人民自發性的抗議事件，起因都是對於政府在體制內的處理感到失望，繼而引發後續一連串的陳抗事件。如果從制度的層次來思考這兩次民意與政府制度的衝撞，可以解讀為人民對於政府決策過程的不透明，充滿憤怒與失望。

其實不只是台灣，很多國家都面臨人民對於政府信任度持續降低的狀況，依據愛德曼公關公司（Edelman global public relations）公布 2017 年全球信任度調查報告（Trust Barometer），被調查的 28 個國家和地區中，有 14 個國家和地區對政府的信任度下跌。

## 什麼原因導致公民不信任？

是怎樣的原因造成上述趨勢性的變化？這可以從三個面向來解釋，第一個面向是人民對於政府的施政服務期望值提

高。隨著教育的普及，人民除了更明瞭自身可以主張的權力外，對公共事務也有更多的主見，更希望自己能擁有其他國家所擁有的福利制度；然而人民基於自利出發點的要求，時常會與跟政府全盤考量後的結論有所差距。不論誰對誰錯，人民的期望與最終結果之間的落差，自然會導致政府支持率下降。

第二個面向則是政府文官體系消極反應。由於人民對於國家治理的期望值增加，對政府的信任度降低，而對民意選票最為敏感的立法機關，在制訂法律、監督政府、為民陳情時，自然就會限縮授予行政部門的裁量權力，以回應人民的期盼。當第一線行政官員的裁量權在民意的壓力下受到限縮，等於是專業受踐踏的不尊重。此外，為了應付立法機關的說明、人民陳情及媒體的窮追猛打，都會加重行政機關的工作量，也讓文官不支持也不鼓勵人民參與公共事務，甚至養成了「多一事不如少一事、愈少人知道愈方便做事」的心態，這樣的表現會讓人民覺得政府過於官僚，更加深了對政府的不信任感。

　　第三個面向則是媒體的推波助瀾。為了收視率，媒體喜歡以極端化的方式來處理新聞題材，最好能從情緒面來感染群眾，縱使這樣做可能犧牲平衡報導；再加上台灣媒體多半具有鮮明的政黨色彩，而批評式新聞是最容易引起具有同等政治取向觀眾的共鳴，於是政治立場迥異的媒體，交相批判光譜另一端政治人物的所作所為，更容易讓人民認定台灣的政治環境就是「狗咬狗一嘴毛」、「只有批評，沒有建設」、「誰來當政都一樣」……等負面的印象，自然更加累積對政府及政治人物的不信任感。

## 用資訊透明化爭取人民信任

　　其實，當政府為了處理日趨繁雜的政治事務，其工作就必須加以專業分工與分層負責，為了彙整與管理這龐大行政體系的資訊，政府不得不應用更專業的行政程序來控制整個體系，來平衡政府能力運用與民眾權益保障；但這也造成人民愈來愈不了解政府的作為，不知道問題該向哪裡反應，更不具備直接監督政府的專業知能，成為民主治理關係中的

「資訊不對稱」的惡性循環。這個問題在以往很難解決，因為就算政府有心公開決策程序與資訊，但也找不到適當的工具可以將紙本文件「公告人民周知」。幸虧網際網路的出現，大幅降低了政府將資訊透明化的成本。

目前台灣政府已經將許多的統計資料公布於「行政院主計總處」及「中華民國統計資料網」等網頁供人民自由查閱，也依業管單位的不同，將各類型的數據放在如「中央銀行」、「不動產資訊平台」、「公開資訊觀測站」、「陽光法案主題網」等 E 化的平台，其實已經對於資訊透明化跨出了一大步。然而，因為業管部門不同，這些查詢平台也四散各地，雖然可以透過 Google 等搜尋引擎幫忙，對人民而言，還是需要費一番力氣才能找到自己想要的資料。如果政府能將施政的相關數據資料彙整於一個入口平台，讓人民能更容易查閱所需的數據，相信能大幅改善人民對於政府黑箱作業的印象。

既然這樣的透明化可以用於行政機關，自然也可以擴

及由人民直接選舉的立法單位，政黨協商這個立院已經為人詬病許久的黑箱，是否也應該與時俱進的公開？況且，《立法院職權行使法》第七十條第四項明文規定：「議案進行協商時，由秘書長派員支援，全程錄影、錄音、記錄，併同協商結論，刊登公報。」然而這些應該公布的影像、錄音、紀錄，到現在人民依舊無法查詢，在督導行政權履行決策透明化時，立法院自己是否該有個良好的示範？

除了數據以外，政府還可以將決策的過程公開於網際網路上，所有政策的成形，都是無數次公聽會、專家會議等程序累積而成的結論，除了會議的書面資料，與會代表的發言立場同樣屬於討論程序的一部分，要每個會議都錄影上網有其難度，但政府大可以選擇全民關切度高，且正反意見各有堅持的爭議政策，例如：年金改革、兩岸監督機制等，進行重要會議的錄影，甚至線上直播，除了宣示政府政策透明不怕人民監督以外，也可以避免媒體剪接時扭曲原意，更可借力使力，利用透明化的監督機制，避免與會代表有過於偏激或類似利益交換的事情發生。

　　甚至政府可以把想要推行的法案或政策，透過網路讓公眾可以用更方便的方法來參與討論，擺脫過去由上而下的決策過程，讓討論出現在政策成形前，而非法案送進立院後，才引發社會關注。

## 透明化的好處更多

　　至於文官體系也不用太過抵制全程透明化的方式，因為一旦透明化，即可清楚呈現決策的整個過程，不容易再發生下屬為長官背黑鍋的情況，現在多一分麻煩，避免以後被審計及稽核的風險，我認為這是值得付出的代價。當然，因為與會人員都清楚全程透明，一定會有發言保守、不容易出現結論的狀況；然而，既然採行全程透明的政策，都是屬於具有高度爭議的政策，迅速與周全兩者間，我寧可選擇周全，因為影響深遠的事情反而急不得，那些領導者口中「兩個月內給社會一個交代」的說法，比較像是界定責任歸屬，而非找出解決方法。

　　另外，2016 年總統大選期間，開放專屬網頁讓人民提問，並選擇連署票數較多的問題，直接於電視辯論時要求所有總統候選人回答的方式，其實也是個提升人民政治參與的好方法，而政府與人民如果能藉由網路窗口的對話，來增加彼此間的相互認識，進而提升信任關係，這對人民與政府都是雙贏的局面。

　　更進一步，如果未來網路技術能持續精進，可以將駭客等人為操作的機率降到趨近於零，或可以直接隔離這些人為操作的影響時，人民甚至可以利用網路這項工具來表達對於某個法令的贊成與反對，如果立法院不願意擬定人民希望的法律，創制與複決這兩個憲法賦予人民，卻一直只能當擺設的權力就可能有實施的一天；另外對於不適任的民選代表，也可以透過網路工具進行連署與投票，屆時人民也就不用忍耐四年，才能再用選票來表達不滿。

　　所謂的讓陽光灑進來，不再只是消極的局限於政府的貪汙問題，而是更積極地要求政府重要決策過程的更加透明

化，勢必需要付出一些行政效率，及相關硬體投資作為機會成本。然而透明化代表著上位決策者更難一手遮天，不顧民意去追求所謂的「歷史定位」，對於實際擬定與執行政策的基層文官也有著釐清權責的保護效果，同時也能提升人民對政府的信任感，這其實是個參與其中者多贏的架構──除了那些想要搭政策便車上下其手的人。

## 想想 20 年之後的台灣

對於政治人物而言，這是個非常困難的使命，因為每一位總統的任期最多也就八年，只有前四年為了尋求連任而要面對民意的考驗。在這樣的政治制度下，很難以二十、三十年宏觀的角度來看待未來台灣的方向。而現在台灣面臨的一些結構性問題，其實也就是過去二十、三十年的歷代政府所遺留下來的難解習題，其中以債務危機與人口老化，會是今後的台灣政治人物無法再迴避的難題。

在 Part I「看不見的未來」裡提到，目前台灣中央與地

方政府明的、暗的負債加總起來，已經超過 30 兆新台幣的大關，等於台灣兩年的 GDP 總產值，這代表過去的我們，已經向未來透支了兩年的總收入來「拚經濟」。然而，這些過去政府口中借了有益經濟發展的負債，從結果看來，並沒有為台灣及人民帶來更多的收入，卻留下了破錶的負債等待後人清償。該是有人跳出來，為這種無限制透支未來的行為踩煞車了。

**想要年金改革，只要政府肯當壞人**

這些各級政府的負債中，約 18 兆新台幣為台灣各式各樣的年金保險給付制度，其中軍人退撫基金、公校教師退撫基金及公務人員退撫基金，現在就已經呈現入不敷出的窘境，勞保基金也只能撐到 2018 年就要開始吃老本。前述的四種年金，最遲到 2030 年就會通通破產，而這些事情再過十五年就會發生。

年金要怎麼開源節流，不外乎延長退休年齡，或者延

後可以請領年金的年齡；降低各項年金的所得替代率（就是領到的錢變少）及提高年金保險率（在工作的人要繳的比較多）。方法很簡單，但年金改革難在於政府是否已經做好當「壞人」的準備，因為對於現在已經在領，或期待將來可以擁有這項年金福利的人民而言，要他們領得更少、繳得更多及晚點退休，絕對不是一件討喜的事情。儘管很棘手，年金改革卻也是一個「長痛不如短痛」的問題，放任不管只會讓情況更行惡化。如果政府可以在刪減年金支出的政策上做到公平與透明，或許可以讓人民不滿的情緒降到最低。

台灣的年金改革已經不是新聞，陳水扁與馬英九及蔡英文等歷任總統都嘗試過，然而過去年金改革最讓人詬病的就是，最後的制度都要資淺及中低階公務員共體時艱、犧牲小我，高階及資深的公務員卻沒什麼影響。這樣不公平的改革方案，只會讓人民對政府更為感冒。然而，這也反映出政府進行年金改革的另一個問題：「文官體系，特別是有政策取決權的高階文官，往往就是阻撓改革不遺餘力的一群人。」因為若不對政策內容進行干預，被影響最大及權益犧牲最多

的一定就是這群文官自己，這其實是年金改革時可以預期的阻力。

要怎麼讓人民知道政府對於年金改革公平性的堅持？增加透明度是政府可以運用的工具，在網際網路如此發達的現在，如果能讓年金制度改革相關會議的過程、詳細會議資料通通透過網路公告，可以一方面讓人民了解政府之所以難為在於，這些重要議題勢必存在正反兩方不同的意見，要找出折衷又不失專業的意見，就需要時間來反覆磨合、溝通與討論；另一方面民間也能檢視各方代表對於年金改革所提出的數據佐證是否完整，或者還有未臻完美之處。這種全民參與的照妖鏡，或許可以讓主導改革的文官體系有所警惕，更加貫徹年金改革中關於「公平」的實踐程度。

最後，就是政府領導者本身對於改革的堅持度。美國歐巴馬總統為了貫徹健保改革，長時間對抗共和黨主導的眾議院；德國總理梅克爾對於年金制度與退休年齡的改革，引爆22 萬人民上街抗議；英國首相卡麥隆推行高階公務人員薪資

凍漲、加稅及退休金改革，更引起英國百萬公務員罷工示威。這些例子清楚說明，這些為了減債而做的改革，勢必會遇到既得利益者的反對與阻撓，領導人如何堅持該做但不討喜的事情，不氣餒地持續與反對者溝通，並堅守程序合法性、過程透明性及政策公平性的原則，絕對是台灣各項年金制度能否長長久久提供人民保障的重要關鍵因素。

除了年金制度需要減債，政府應該要嘗試改變追求預算支用率100％的觀念，年度總預算是給政府支出的一個上限天花板，況且很多事情不是花愈多錢，就做得愈好。舉個簡單的例子來說，花5,000萬用一年時間蓋一棟新圖書館，相較於將5,000萬攤在100年內，每年購買50萬元的新書，分送給低收入學齡兒童，前者可以快速累積國家的GDP數字、讓政治人物風光地剪綵、上電視；但後者才能真正照顧低收入家庭的學生，讓他們也能有書可讀。政府要學著用更長遠的眼光來衡量支出的效率，而不是只求GDP年增率達標就好。

為什麼台灣的年金制度收支狀況會惡化的如此之快？人口結構的快速老化絕對是壓垮駱駝的最後一根稻草。人口的年齡分布本來就會因為醫療技術的進步而逐漸老化，但台灣因為出生率的快速下降，導致人口結構變化的速度過快，當人口快速老化時，請領年金給付的人愈來愈多，但繳交年金的勞動人口比例卻愈來愈低，年金制度當然就無以為繼。

當勞動人口肩上的擔子愈來愈重，對未來的規畫自然就趨向保守，愈不敢結婚生小孩的後果，就是生育率持續探底，然後又讓台灣人口老化的速度加快，勞動人口生活更加辛苦，就愈不想生小孩……這樣人口趨勢的惡性循環，就是造成日本經濟失落二十年以上，背後的關鍵影響因素。

更麻煩的是，就算明年開始台灣的總出生率突然飆升到2.1（備註：總出生率 2.1 也只能維持總人口數不變）以上，也還是要等二、三十年後，當這批新生兒成為台灣勞動人口主力時，人口結構才能有扭轉的可能，所以政府鼓勵生育是件該做，但明顯緩不濟急的方法。

## 人民滿足感來源不再是金錢

　　既然人口老化是個數年內無法逆轉的趨勢，政府的第一要務便是學著跟這樣的趨勢和平共存，因為在勞動人口數量減少的前提下，想要繼續維持 GDP 成長的難度很高。政府不妨反過來想，台灣的人均 GDP 已經到了 2 萬多塊美元，顯示台灣的經濟狀況早已擺脫吃不飽穿不暖的求生存階段，依照馬斯洛的需求理論，當最低階的生存與免於匱乏的需求都已滿足後，人民想要的是更高階的社交、尊重與自我實現的需求滿足；然而在這些待滿足的高階需求領域，經濟成長能發揮的空間其實很有限，有時甚至還會成為阻礙人民追求幸福感的殺手。

　　因為過度強調經濟發展的單一目標，很容易排擠其他公平正義、歷史文化、環境保護、人文藝術等不同思維的價值觀；然而這些多元並存的價值觀，往往更容易讓人民從中找到值得他們努力與追求的目標，或者從這些價值觀中，找出值得尊敬的自我，而這些過程帶給生命的滿足，將遠遠大於

收入或薪水的增長。當人活不下去時，食物、空氣、水與金錢就是維持生命的一切；但是當社會已經累積一定的財富水準時，如何讓人民更快樂、感覺更幸福，應該才是政府的最大努力目標與方向。

所以，如果政府的政策都是圍繞在怎麼樣提高 GDP 成長率，怎麼樣從全世界的市場中賺取更多的外匯，人民自然也就只會關注「怎樣賺更多的錢？為什麼別人賺得都比我多？哪裡有折扣高的精品與利率較低的貸款？」等這些與錢有關的議題；然而，對於經濟能力不再處於高峰的老年人口而言，這只會增加他們的不確定性，縱使台灣已經有了一個堪稱完善的全民健保制度（當然，財政上依舊處於入不敷出的透支狀態），這也只能照顧老年人的身體健康，卻無法提供心靈上的安全保障。

我想是不是可以由政府帶頭，從都市的公共空間中，增加一些專為銀髮族設計與規畫的使用空間開始；抑或，學習用更珍惜的態度去面對歷史留給我們的那些古老建築，從認

識過去、接受過去開始，讓台灣學習重新定義關於「新舊」間的價值，逐步將台灣社會從追逐經濟成長的速度感中解放出來，開始習慣另一種成熟而穩重的步調。此外，政府也可以規畫一系列的銀髮學習課程，除了能讓想要與網路世界接軌的長輩們，也能有再學習的機會外，也能提供長輩們認識新朋友，建立新人際關係的環境，因為有人陪伴的生活，比較容易感受到滿足與快樂，而這種心靈上安定感，往往是銀髮族幸福感的來源。

台灣早已過了物質缺乏的年代，政府與其在人口快速老化的背景下，繼續以 GDP 成長作為治國的標竿，不如想想怎樣讓台灣的人民，在二十甚至三十年後，依然可以過得開心與滿足。而人民也可以自我盤點一下，為什麼常讓經濟議題主導了整個生活，又有什麼方法，可以從自己做起，走出這個賺錢至上的單一文化陷阱？

# 前 10% 的人坐擁龐大財富，身為多數的90%，如何讓自己活得更好？

在 Part II 的內容中，我們已經幫「窮到只剩 GDP」的台灣開出了一些解決問題的苦口良藥，然而良藥絕對不是特效藥，以台灣的現況，也不適合繼續把止痛的嗎啡當水喝，所以就算政府有心解決這些積重難返的問題，也需要一段不短的調適期。在這段為台灣治病的調適期，身為人民的我們能怎樣增加生活的幸福度？萬一當政府的施政將影響自身時，又有哪些方法可以作為自己的「護身寶典」？

## 從人民變公民

　　過去大多數的人民都以為，只要在大大小小的選舉投下「神聖的一票」，就已經完成身為國家主人的公民責任。如果政府或政治人物沒辦法達成選舉前所承諾的政策，只好下班後看著顏色屬性和自己相符的政論節目，跟著裡面的來賓一起數落台灣這裡不好、那裡不對，出一口惡氣後，隔天繼續上班過日子。過了四年再帶著累積的怨氣，用選票來「教訓」這些把台灣帶壞的政治人物。至於投了票之後的未來，是「從此過著幸福快樂的日子」？還是「只有快樂一天而已」？似乎還是只能交給老天與政治人物的良心。

　　隨著台灣人民的教育程度提高，以及網際網路普及後，各類型資訊取得的成本大幅降低，台灣人民愈來愈清楚自己的權利，也愈來愈清楚政府與人民間不該是「統治」與「被統治」的關係，而是類似一種委託與受委託的關係；因此當受人民委託治理國家的政府，卻做出違背主流民意的行為與政策時，人民就會以大型陳抗事件表達不滿，藉以逼使政府

回歸「政治代理人」與「為民服務」的角色，像是前述提及的紅衫軍、白衫軍、太陽花學運等。這樣的衝撞與抗議雖然必須付出一些社會成本，包含警民衝突、人員受傷與財物破壞及後續司法處理等，但大體而言，這代表了人民不再滿足於只能用選票來表達對政府施政不滿的老方法，同時也反映了人民想要更深入地參與公共事務。

然而，參加過大型陳抗運動，就可以說自己是公民了嗎？如果每個人遇到每件不如意的事情，都採行這樣激烈的手段來表達不滿，這樣的社會成本也太高了。就以都市更新的著名案例——文林苑為例，台北市政府活像是一個不顧老百姓生死、強拆民宅的混蛋。然而，如果政府是依照法院的裁決與法律的規定執行這件拆除案，而依照法律的規定，文林苑都更的那棟房子確實違法、該被拆除，那人民該抗議的對象究竟是執行單位的台北市政府，還是草擬都更條例的內政部，或者是三讀通過該法律的立法院？

從最後的結果來看，文林苑爭議從 2012 年一路延燒到

2014 年，最終就是反對都更戶在十次的司法敗訴後，面臨高達新台幣 5300 多萬的賠償壓力下，與建商達成和解。十次司法敗訴且毫無勝訴的結果，就可以清楚地知道，反對都更戶幾乎找不到任何法律上可以立足及爭論之地。熱血的民眾抗議事件，只是將整起都更案拖延了兩年多，最終還是回到了法治社會應有的軌道上。船過當然不可能了無痕跡，都更條例的修正案至本書截稿的 2018 年初為止，依舊躺在立法院尋求適當的內容平衡點與最佳的通過時機點，全台灣都市更新的案件幾乎全數停擺，這樣的代價對於台灣都會區數以萬計等待更新的老舊房屋而言，代價是否過高了些？

## 理性公民第一步，不受情緒、習慣擺布

藉由前述文林院的案例，有時跟隨感性跟情緒角度所做出的反應，跟法治所規範的程序與權利義務並不相符，因此在分享我對投身公民角色可以採取的行動之前，我想先提出一個很重要的前提：不要被情緒和習慣所控制。人類為了從原始的狩獵環境中生存下來，人的大腦非常倚賴習慣與情緒

所做出的快速反應。換句話說，思考並不是人類大腦遇到事情的第一個反應，我們很容易受當下的情緒或過往的習慣所影響，隨即對當前的議題做出判斷。然而，公眾事務往往牽涉複雜的事實面、法律面及多方各說各話的過程，因此相對比較理性的判斷方式是，先蒐集資料、參考其他人的看法，並對照相關法律規定後，再透過自身的邏輯思考，做出對於事件的最後判斷，或許才是人民晉階公民的最後一道關卡。

## 多閱讀，讓大腦習於不同觀點

　　如何讓自己成為容易開啟思考開關的公民？我會建議從閱讀感興趣議題的文章開始。透過閱讀，可以觀察他人如何描述各種政治及社會議題，如何利用文字表達個人思考的過程，最終得出一個或數個結論或建議。累積愈多的閱讀經驗，就能逐漸找出自己信任且喜愛的訊息來源。然而，要提醒大家的是，多數人都喜歡閱讀與自己觀念相近的內容，因為閱讀過程中油然而生的認同感會讓人更想讀下去，這樣很容易就變成只讀特定觀點的文章，阻礙了多元思考的發展，所以

要養成閱讀與自己立場相左、但言之成理的文章，讓大腦習慣在不同觀點間切換，才是健全邏輯思考的上上之策。

在台灣，要能讀得下和自己立場相左但言之成理的文章，其實並不容易。因為台灣主流媒體幾乎都秉持著鮮明的政治取向與立場，在報導時也會依循著各自立場詮釋公眾事務，而人民若沒有自覺或企圖心晉身公民，自然就選擇與自己立場相同的頻道觀賞，久而久之，就會形成一個非黑即白、無法用他人立場設想的社會氛圍，這樣的社會氛圍不但無法溝通討論、很快就會相互否定對方的看法，更失去了集結眾人智慧、彙整出其他方案的可能性。

容我再度引用彼得・杜拉克的名言：「愈是重要的議題，愈不能在沒有反對意見的狀況下做出決策。」如果人民對於不同於己的意見連尊重和傾聽都做不到，甚至只要發現和自己意見不同就否定，那只會形成一種為反對而反對的情緒發洩。因此，台灣公民們亟需努力打造的社會氛圍，正是：「我不同意你的看法，但我尊重你表達意見的權利」與「對

事不對人的理性辯證」。

## 腦袋裡的肌肉需要時時鍛鍊

讓我們以一則財經新聞為例，模擬一下該如何進入思考模式：

B 產業龍頭 A 公司，受惠於蘋果（Apple）新款筆電下季將進入量產，加上專案業務布局收割，進入高速成長期，法人評估該公司今年營收將逾 XX 億元，年賺一個股本。

A 公司近年營運不但未受市場衰退影響，反而在主要客戶蘋果的筆電市占率逆勢提升，以及平均銷售單價（ASP）提升，加上該公司調整營運方向，捨卻不賺錢的轉投資，發展高毛利的專案業務，全力衝刺獲利，使得近年營收成長雖然緩慢，但獲利卻呈現大幅跳升的情況。

該公司去年合併營收為 84.54 億元，年增率 6.93%，為

歷史新高紀錄，營業利益突破 20 億元，來到 20.32 億元，年增率高達 71.2%，稅後淨利達 16.13 億元，同比年增亦高達 42%，同步改寫歷史紀錄，EPS 突破 9 元，來到 9.02 元。

法人指出，首季進入淡季，加上去年第四季客戶拉貨高峰過，業績下滑，前兩月營收 10.29 億元，較去年同期衰退 22.2%，也導致該股稍早的回檔走勢。不過，在股價修正過後，由於看好第二季蘋果兩款筆記型電腦改款後的新機種即將出貨，加上專案業務持續有新客戶進場，產能吃緊，因此預估首季營運見底，此後逐季成長。

急性子的朋友，很可能看到新聞一開始的「B 產業龍頭 A 公司」、「蘋果」及「年賺一股本」，就迫不及待地想問我 A 公司的股票代碼是多少，再不然看到 A 公司合併營收、營業利益、稅後淨利均創歷史新高後，就會想要立刻買進這間公司的股票。

批判與批判性思考是兩個完全不同的概念，「批判性思

考」是一種與「直覺」唱反調的事情，是讓自己大腦可以隨時開機思考的一種方法，買一間合併營收、營業利益及稅後淨利均創新高的公司，乍看之下是很合理的事情，但有開啟思考邏輯的人，應該會對最後一段新聞中「前兩個月營收年減 22.2%」心生警惕，進而產生「為什麼今年營收會突然下滑五分之一？」、「營利率年增率遠高於稅後淨利年增率，公司有什麼業外虧損嗎？」、「去年營收創高，是不是靠收購其他公司而來？」等懷疑。

接下來，慣於思考的人就會開始求證，例如查詢這家公司毛利率（確認公司的產品競爭力）、營業利率（確認公司營運管控能力）及淨利率（公司賺錢的能力）表現如何，現金流有沒有異常的大幅流出（檢驗公司有沒有奇怪的金融操作），業外是否有轉投資失利（尋找新聞中營業利益成長遠較淨利成長高的原因）的情形等。也只有透過上述嚴謹的思考及求證的步驟後，才能比較確定 A 公司是否值得你掏錢投資。

　　一個習慣思考的人，通常不會在閱讀完資訊後，立刻依照情緒做出結論，因為這樣的人不會習慣用「對錯」、「是非」、「善惡」等二分法來做為判斷的基準，也比較願意去探討事件的背景、兩方甚至多方行為背後的初衷，當社會上這樣的人民愈多，就愈有可能拋棄藍綠政治立場，在希望台灣未來更好的共識下，真正進行有意義跟成果的討論。

　　再舉一個例子，二次世界大戰末期，同盟國反攻歐洲大陸時，英國空軍為了強化其戰鬥機的裝甲對抗納粹德國防空火砲的能力，但若全機裝甲都增厚，反而會影響戰機的空戰的迴轉性能，於是參謀本部決定針對執行過空襲任務的戰機進行彈孔數量統計，結果是飛機機翼上彈痕累累，機腹彈痕最少，所以英國空軍最後決定加強機翼部分的裝甲嗎？如果您也這麼認為，那又落入了直覺的圈套。英國空軍參謀本部是針對「安全返回英國」的戰機進行調查，這代表了機翼受傷後的戰機，其實還有能力自行脫離戰場返回，反倒是機腹受到防空砲火攻擊而受傷時，只有極少數的飛機還能安全返回英國境內，所以機腹上有彈痕的飛機數量才會那麼少，而

上述的推論也獲得敵後情報人員從英國戰機殘骸中，多數都是機腹中彈後墜毀得到印證，所以最該加強的反而是機腹處的裝甲，這又是一個「眼見不為真」的案例。

　　總結上述兩個例子，一則看似大利多的財經新聞，其中竟隱藏了許多值得進一步深究的線索；一個簡單而清楚的統計數據，也有可能讓決策者做出完全錯誤的決定。如果只因為某起個案的一隅在鏡頭前挑起了群眾的情緒，就立馬做出誰對誰錯的二分法批評，這樣的批評不僅太輕率且缺乏思考，也讓自己失去練習批判性思考的機會。

　　美國著名股票投資人巴菲特曾公開表示，靠投資累積財富的他，其所得稅稅率竟然比他祕書還低，這簡直是不可思議的事情，因此他對於這種不合理的稅賦制度提出質疑，但另一方面，他仍繼續投資於股票與其他資本市場。難道巴菲特也陷入邏輯矛盾了嗎？

　　如果上述的狀況在只有對與錯的二元社會中，巴菲特真

的陷入了邏輯的錯誤中，因為如果他覺得資本利得稅率過低是錯誤的，那他就不能選擇繼續投資股票等資本市場；然而，這樣的單選題，其實是一個判斷對象設定錯誤所造成的矛盾。簡單來說，巴菲特對於政府資本利得所得稅率偏低的建議，是希望「政府」改變這樣不公平的稅賦基礎，讓國家能建立更公平的遊戲制度；同時，巴菲特個人投資股票，則是希望「自己」能在合法及有利制度的前提下，繼續靠資本利得累積財富，這兩個判斷與思維的起點，一個是政府，另一個則是個人。我同樣不認同台灣政府過輕的資本所得稅率，但我還是會建議大家，既然資本利得的稅率比薪水還低，擁有股票等資本財被動收入，其實是增加個人及家庭收入很好的方法，而這兩者並沒有邏輯上的衝突。

所以當公民在思考公眾問題時，除了要從自己的角度出發，可能還需要換位思考，想想其他角色，特別是與自己站在對立面的角色會怎樣看待並主張自己的權利，這也是鍛鍊自己思維更完整及健全的另一種關鍵訓練。

## 當開始多元思考時，可能發生的碰撞

　　既然許多公眾事務在法律上沒有對與錯的絕對區別，也需要在思考的過程中，切換成許多不同的角色來尋求更周延的折衷方案，所以在政策成形前，請相關人士表達意見的開放式協商（例如政策公聽會），是非常必要的做法。換句話說，公民在對政策的良窳進行多元思考時，與身邊親朋好友討論其實也是一種另類的小型會議。然而在進行政治議題討論時，公民內心必須做好接受任何批評的準備（包含不具任何建設性的情緒反彈），因為台灣社會已經被意識形態綁架了很久，有時候誰提出這項政策，會比政策的內容更容易成為焦點，在這樣對立思維習以為常的社會中，一定會有很多人帶著有色眼鏡看世界，指責這世界太不公平。當公民因為尋求建議而遭遇這種狀況時，一笑置之會比較好。當秀才遇到兵，轉身離開會比雞同鴨講有用的多。反過來說，如果遇到了意見相左，但論述十分完整的回饋時，請別輕易讓這樣客觀的聲音溜走，因為這些意見，才是讓公民的批判性思考可以更為完整的苦口良藥。

• • •

　　愛因斯坦曾說過：「唯有個人開始思考，才能為社會創造新的價值，甚至還能為社會找出新的道德標準……社會的健康相當程度仰賴其中每一分子的獨立特質。」國家大事已不可能再由當權者一人或少數人說了算的一言堂，同樣地，秩序與倫理也不能作為政府不願傾聽人民需求的藉口。但是，也唯有人民都願意向批判性思考、持續討論及理性溝通的方向前進時，討論以民為主的概念才能更有意義──因為國家的主人知道自己想要的是什麼，以及必須付出怎樣的代價來交換。公民絕非用選票或群眾運動教訓或支持某個特定政治人物或政黨這麼簡單，而是找到為自己生活負責之積極態度的一種持續過程，這種態度不僅適用於處理政治議題，一生中大大小小需要做出選擇的關鍵均能一體適用。親愛的讀者們，準備好脫下習慣與意識形態的有色眼鏡了嗎？

## 錢，多少才夠？

如果一個國家將 GDP 成長當成最重要的目標，多半代表這個國家將經濟議題放在施政的首要關鍵；而政府理論上必須以人民的需求與想望為依歸，所以政府會用 GDP 成長作為施政的主要目標，基本上也是觀察到人民對於「擁有更多錢」的渴望大過其他的生活需求。

擁有更多的錢，的確可以「買」到好吃的食物，「買」到漂亮的衣服，「買」到車票、船票或飛機票，讓我們可以開心地四處出遊、旅行。然而，什麼樣的食物好吃？怎樣款式的服裝好看？你又想去哪裡走走？這些生活中的決定與錢的關係只有一個，就是口袋或帳戶裡的數字夠不夠讓我們這樣消費。

要賺多少錢才夠？這是一個看似簡單，卻也是很多人都沒有花時間很認真的思考過的問題。我聽過明明夫妻倆收入很高，卻因為對未來財務極度缺乏安全感，穿的是袖口及領

口都磨損的衣服，吃的幾乎都是大賣場的特價品，沙發表皮已然破損，卻依舊持續使用，也不太願意花錢去修補。我也看過收入不差，卻因為想要得太多，致使生活必須倚靠信用卡、信用貸款等金融工具來透支未來。同樣的一輩子人生，上述兩個處於光譜兩端的案例，清楚地反映出，就連「該怎麼花錢」這樣簡單的決定，都可能出現南轅北轍的不同結果。

在「未來的安全感」與「立即的物欲滿足」間，金錢可以讓貪婪、痛苦、焦慮、沮喪、無助、滿足等複雜的情緒與行為浮現，金錢的定義也從原本的交易媒介、價值衡量的工具，一躍成為衡量「人的價值」的通用標準。這就可以理解，為何過農曆年時，遠房親戚與長輩最喜歡的問的問題就是：「在哪高就（薪資好嗎）？」及「對象從事哪個行業（另一半收入也很重要）？」

麻煩的是，很多人並不清楚自己想要怎樣的生活，多半跟隨媒體的報導或模仿身邊的朋友來過生活，偏偏每個人都不太願意將自己的收入開誠布公（我也不願意！），於是

很容易就發生某甲看到同公司同職位的某乙開著進口轎車代步，就認為自己也值得擁有相同的物質水準，卻不曉得某乙其實很早就學習如何增加自己的被動收入。再加上整個社會轉向消費導向，所有的行銷手段都是吸引大家透過消費來滿足自己、改變對自己不滿意的部分。產品與勞務的供給端，當然希望消費者徹底忘記「多少才夠？」這樣的蠢問題，轉而擁抱「擁有愈多就愈快樂」的文化。

**快樂程度能以財富多寡衡量嗎？**

在回答「錢，多少才夠？」這個問題前，我想先問大家另一個很簡單的問題：「你，快樂嗎？」過去五十年間，全世界的財富呈現指數階級的成長，但自我感覺快樂的程度卻在原地踏步，當然這跟財富分配極度不均有一定程度的關連。然而，快樂真的可以用「買得起什麼？」或「現在擁有了什麼資產？」來作為衡量的標準嗎？

如果快樂真的可以用金錢來代替，那一個人的價值不再

與個人特質、成長背景、內在學識及學經歷等有關，而趨近於有沒有穿著「合適」的衣裝、開著「合於身分」的汽車，以及擁有一切「該有」的東西，於是當你看見同事買了一部進口百萬名車，後面載著一組全新的高爾夫球具時，為了不讓自己的價值落於人後，唯一能做的就是咬牙跟上，於是資產表的上頁多了百萬名車與高爾夫球具，下頁當然也多了必須攤還的車貸與信用貸款。

也因為這樣的快樂具有比較性，所以必須在別人沒有的時候就擁有這項物品，這樣的物品才會因為「稀有」而變得「有價值」。換句話說，如果擁有愈多的金錢真的能換來快樂，這樣的人生就必須在不斷追求 No.1 的競爭框架中度過。今天的百萬名車明天一定會被另一台千萬名車所取代，永無止盡的追求這些彰顯身份的物品，就像是在吸食毒品，前一次施打的快感退去後，下一次就需要提高劑量才能達到相同的快樂感受，而這是一個沒有盡頭的無窮迴圈。

還記得之前提到亞伯拉罕‧馬斯洛（Abraham Maslow）

的需求理論嗎？這位心理學家將人類的需求由低到高階分為「生理需求」、「安全需求」、「感情需求」、「尊重需求」與「自我實現需求」五個部分，當每一個低階需求被滿足時，人們的心裡就會渴望更高階的需求也能被滿足，而當愈高階的需求被滿足時，人們心中的快樂就會愈巨大，滿足感也能更持久。

從**圖 3-1** 來看，擁有金錢的需求屬於第二階「安全需求」的範疇，相較於「感情」、「尊重」與「自我實現」，金錢屬於較為基礎的位置，這跟俗語「金錢不是萬能，沒錢卻萬萬不能」有異曲同工之意。我不會睜眼說瞎話地堅稱：「沒錢也能快樂」，但當擁有的金錢足夠於支撐自己的「生理（存）需求」及「安全需求」時，更多的金錢能帶給生命的滿足效用就開始出現邊際遞減效應，這也呼應了為什麼人類的快樂感受並沒有隨著財富增加而上升。

所以「你，快樂嗎？」這個問題，在物質豐饒的現今社會裡，已經可以轉化為如何讓自身的「感情需求」、「尊重

**圖 3-1　馬斯洛需求理論**

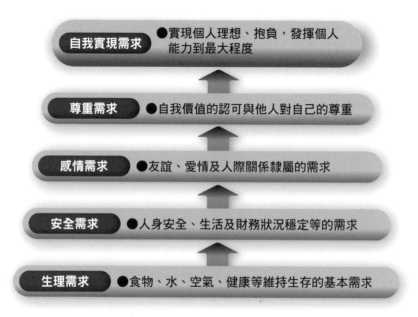

自我實現需求　●實現個人理想、抱負，發揮個人能力到最大程度

尊重需求　●自我價值的認可與他人對自己的尊重

感情需求　●友誼、愛情及人際關係隸屬的需求

安全需求　●人身安全、生活及財務狀況穩定等的需求

生理需求　●食物、水、空氣、健康等維持生存的基本需求

需求」與「自我實現需求」等高階需求被滿足。而這又回到另一個更基本的問題，你知道自己需要的感情、尊重與自我實現是什麼嗎？

## 對未來不確定，你還願意聽從內心聲音嗎？

「興趣不能當飯吃」這句話，應該很多人在選填大學志願時，都聽身邊的長輩說過。綜觀台灣大學的科系排名，醫學系、法律、會計、電機、理工學系等可以直接與未來工作連結的科系排名總是名列前茅，因為「學以致用」是對未來最沒有風險的選擇。

《哈利波特》的作者 J.K. 羅琳在 2008 年哈佛大學的畢業典禮致辭中曾經說過：

「他們（羅琳的父母）希望我唸一個實用的學位；我希望讀英語文學。後來妥協的結果 —— 回過頭來看這個妥協，其實誰也不滿意 —— 是，學外語（Modern language）。父母的汽車離開還沒有轉過街角，我就把德語主修換成了古典文學。我忘了是否曾經告訴過我的父母我唸了古典文學（Classics），他們可能一直到了參加我畢業典禮的那一天才第一次知道這件事。在這個星球上所有的科目裡，我想，他

們很難找到一個比希臘神話更沒用的科目了。」

如果羅琳在當時聽從了父母的建議，選擇了法律或外交學系，世界上還會出現《哈利波特》這樣的經典著作嗎？反過來說，如果說羅琳是因為知道未來能寫出《哈利波特》，所以才在大學時選擇主修古典文學，應該所有的讀者都會嗤之以鼻。所以，就算未來真的能將興趣發展成事業的人，在那個選擇的當下，都不可能看見前（錢）途到底在哪裡的。

對許多人來說，因為看不到，所以恐懼、猶豫。因為恐懼、猶豫，所以關於前（錢）途這些現實的聲音會變得巨大、嘈雜，也因為這樣，你愈來愈不容易聽見發自內心那個隱晦而模糊的召喚。

那萬一投入時間與資源之後，到最後，沒有得到前途或錢途，豈不是虧很大嗎？這問題其實跟「當一個興趣出現時，你怎麼知道它有沒有前（錢）途？」很像，因為不知道或看不見未來的樣子，所以不願意邁開步伐走下去。然而，

願意聽從與跟隨內在聲音（興趣）的人，因為有目標，所以比較有動力去實踐自我內心的需求，在實踐的過程中，靠著與外在環境的磨合，一步一步地調整方向，不斷地縮短內在召喚與現實之間的差距，落實自己的興趣直到它變成一個可行、甚至是有前途、錢途的工作。反過來說，「如果看不到前（錢）途，我為什麼要投入？」或者「萬一投入時間與資源之後，到最後失敗了，豈不是虧很大嗎？」這類的焦慮，對於整件事一點幫助也沒有。

很多人因為「興趣不能當飯吃」這句話，就放棄了能追逐自我夢想的機會，當然一定會有人在選擇「有前途」的行業中成為箇中翹楚，擁有了其他人難以想像的財富，然而當自己擁有了可以買下一切的能力時，卻發現自己漸漸不知道還能再買什麼讓自己真正的開心與快樂，這或許就是「窮到只剩下錢」的標準寫照。

## 如何讓理想與現實變得更可能？

關於理想與現實的衝突，很多人會選擇另一種折衷的辦法，為追求夢想設定一個必須達成的時間與目標，這就好像用一種破釜沉舟、義無反顧的心態，激昂悲情地和現實對抗。這種做法對於人生而言卻過於刺激，因為追求理想與興趣的實現是一場不知道終點在哪的馬拉松，而你有看過馬拉松選手一開始就百米衝刺的嗎？會這樣想的人可能又落入了非黑即白的二選一情境。然而，理想與現實真的完全無法並存？

我也是因為「興趣不能當飯吃」的原因，選擇進入了工學院就讀，然而這並不影響我堅持寫作的夢想，以及對於經濟與理財投資的興趣，所以大學時我選修了經濟學及文學寫作，更進一步了解自己是否能在這樣的道路上堅持下去。我從不要求自己必須在幾年內寫出一本書，只希望自己每周能在部落格上寫篇短文。我從不規定自己一星期要讀完一本書，但我總是能在一年內看完 20 本以上的書籍。我從不指望自己選擇的每支股票都大賺錢，但我非常珍惜判斷正確時

帶來的成就感。當然，這些都需要在時間的運用上，下一番功夫，但我以親身體驗告訴大家，兼顧理想與麵包的難度真的沒有想像中的高，不然您也無緣讀到這本書了，不是嗎？

在持續追逐夢想實踐的過程中，我也曾遇到大小不一的挫折，也走到過「寫這些有甚麼用」的自暴自棄，然而追逐夢想的過程很像是一場人生的自助旅行，當計畫趕不上變化時，與其抱怨自己的不順遂，不如睜開眼睛仔細瞧瞧這意外的風景。在我自己的旅行經驗中，許多的美好都肇始於不如己意的變化。關於追逐夢想這件事，我的態度是：與其想像著達成目標後的風光，不如享受著為了目標努力而滴下汗水的過程。關於寫作，我從不期待出版後的版稅能有多少，但我真的很享受整本書從無到有的創作成就感，這真的是一種多少金錢都無法換來的滿足。

你找到能讓你真正快樂的興趣嗎？你知道當你達成哪個目標以後，你就可以攀上「自我實現需求」的最高階滿足？其實有一個很簡單的辨識方法，就是看你在做哪些事情時，

可以全然忘記時間的存在。以我自己為例，看一本感動人心的書、和隊友們完成一場精彩的壘球賽（輸贏一點都不重要）、跟朋友趴在桌上爾虞我詐的玩桌遊、跟心愛的另一半在咖啡廳裡無所事事、回老家吃一頓媽媽的好手藝、坐在電腦桌前寫下自己的文字……上述的事情都能讓我持續地一直做、一直做、一直做而不覺得累，以上就是我喜歡且能做到的事情，而這些事情其實花不了多少金錢就能達成。

看到這裡，不曉得讀者有沒有注意到另一個關鍵，可以讓自己達成「自我實現需求」滿足的機會與事情，並非只有單一種選擇。如果說生物物種多樣化的消失速度，可以反映出地球環境的惡化程度；那麼對於多元文化與意見的包容程度，可以反映出社會的承受度。那麼一個人是否具有多元的興趣，多半可以看出過去生活的深度與厚度。愈多元的興趣，代表著此人天生的好奇心尚未被現實所磨損，仍能以樂觀進取的態度去嘗試任何可能性。如果我可以同時喜歡看一本幾百塊的書，以及開幾千萬的遊艇時；我就不會因為開不到遊艇而感到洩氣與沮喪，認為自己是個毫無價值的無用之人；

因為我還有其他可以找到快樂的方法，而且這方法是我現在的經濟條件所能負擔的。換句話說，正常的人生不該只有一個標上金額的標籤，還有很多無可取代的回憶、理想、信任、興趣、實現、感情連結等無法以價格衡量的關鍵，正如王爾德所言：「一個憤世嫉俗的人，知道所有事物的價格，卻不知道任何事物的價值。」

## 重新看待金錢

維持基本生活所需的物質其實沒有那麼貴，特別是在台灣這個已經相對富裕的社會，想要擺脫「金錢至上，多多益善」的窠臼，就必須先找出能讓自己快樂的關鍵是什麼？當做了什麼事情後，會讓自己感到「廢寢忘食」的快樂？這些人、事、物才是生命中最該重視的價值所在。另外，許多不同主題的心理研究都已經證實，無私的付出也是幸福與快樂的強大來源之一，愛因斯坦說過：「人生的意義，是在尋找與生俱來的天賦；人生的目的，則是將天賦無私的給出去。」洛克斐勒也說過：「一個人活著，必須在自身與外界創造出

足以使生命與死亡有點尊嚴的事情。」找到生命的內在聲音只是獨善其身的開始，如何為其他人及社會貢獻一己之力，並從中獲得尊敬與自我價值的實現，將會是生命更高一層的挑戰。

除了看待生活與評估自我價值的方式需要改變以外，其實很多人對於金錢的看法也需要微調，為什麼我們總是不願意跟別人談到與錢有關的議題？因為無論中西方社會，跟金錢聯想在一起的總是焦慮、貪婪、不足、恐懼等負面的情緒，這就形成一個很弔詭的現況，我們都想要更多的錢，卻又覺得錢不是個好東西；因為心裡覺得「錢」不太好，所以不願承認自己對金錢的渴求，不了解自己的財務基礎和想達成的財務目標，自然也就無法順著自己的財務基礎和可承受的風險，來規畫達成財務目標的方法。

• • •

錢本身沒有價值，把錢用在哪裡才是關鍵；要想回答

「錢，多少才夠？」這個問題，除了必須找出哪些才是自己珍視的價值所在，還必須務實地將自己對於生活的慾望換算成一個可以計量的數字，這才是「夠」最現實的定義。然而，每個人珍視的東西、想要的物質生活慾望、以及看待生活的態度都不相同，而且這些都是可能隨時間與觀念改變的議題，所以「多少才夠」是一個無法給出標準計算公式，更是非常私密的習題，需要每個人用一生的時間來反覆思考與塗塗改改。與其把生命的重點都放在帳戶數字的加減上，不如重新思考與定義金錢在你生命中的定位，或許才是個釜底抽薪的好方法。

## 時間才是最珍貴的資源

我們很習慣把錢當作是生活中唯一需要耗費的資源，畢竟食衣住行育樂，無一不是用新台幣換來的。然而，若從資源的可逆性、可儲存性及可預測性來看，每個人一天 24 小時的時間，才是真正需要人們珍惜的重要資產。

花掉的錢有機會再賺回來，過去的歲月卻無法重新來過；用不完的錢可以存在銀行，卻沒有哪家公司可以提供時間凍結的服務；我們多少可以估算自己未來可能的收入總額，但誰能預估自己還有多少個時日可以跑跑跳跳？再從使用效能來看，今年的 50 萬與 5 年前的 50 萬，雖然受到通貨膨脹的影響而貶值，基本的貨幣價值還是存在；然而 30 歲與 35 歲的 24 小時，能做的事情卻是大相逕庭，更別提年歲 2 字頭與 4 字頭之間的巨大鴻溝。無論怎麼看，時間都比金錢更難掌握、更難計畫，而且完全無法儲存。

## 專注才能享受當下

既然時間那麼珍貴，所以我們應該努力把每天的行事曆給塞滿，用不同的顏色與符號，區分每個不同行程的重要性、種類、對象與急迫性，然後全力以赴做到行事曆上的每件事，這才算是不虛此生嗎？

微軟視窗在不久前開始有了多工並存的技術，使用者

可以同時處理多項的工作，理論上，這是一個增加工作效率與節省時間的好發明，但工具的進化忽略了一個更根本的限制——人腦的先天機制。人類的大腦並不善於自行啟動思考機制，而傾向以習慣與情緒來做出瞬間的判斷，若工作者短時間內接受到數個以上的工作需求時，自然會產生煩躁的情緒，並傾向以過去慣例來快速解決問題，這對於一般例行性工作還不會造成過多的困擾，但對於需要進一步數字稽核、內容查考乃至於提案討論等需要思考的工作，間歇出現的電話、E-mail、即時通訊、網頁更新通知等提醒，反而會干擾思緒，讓好不容易進入思考模式的大腦又再度跳脫，往往又需要更長的時間來重新開機，所以「專心做一件事」，會是我建議大家的第一帖藥方。

### 高度專注需要刻意安排及練習

那該如何為自己打造出能「專注」的空間？最初的起點，依舊是找到自己內心真正喜歡做的事情，或者找到內心最舒服的方法來處理這些「為五斗米折腰」的工作。興趣與

熱情是維持執行專注度的最佳燃料，如果身不由己，至少也別讓自己「討厭」這些需要做的事情；真不得已，必須偶一為之時，我會先做一些讓自己開心的事情來累積一些情緒正能量，再一鼓作氣地解決這個問題。因為人類的風險趨避天性，會躲避與拖延不喜歡做的事情，而這惱人的事情遲遲沒有解決，會感到更加地煩悶與不開心，這可是一個危險的負面迴圈，「長痛不如短痛」，永遠是對付討厭事情的好方法。

那要怎麼避開家人、朋友及工作伙伴，對於專注度的干擾？職場中建立一個有默契的工作時間表，會是個好方式。舉例來說，每週二、四下午，可以訂為工作伙伴們進行分享討論的時間；每週三則是個人專注解決自身問題的時段，這樣才不會相互干擾工作。同樣的道理，自己最好在每天投入工作前，先預想一下今天有哪些工作，其中哪些是例行性或不需長時間專注的簡單工作，哪些又是需要重點關注的事項。另外花些時間看看，今天哪個時段沒有預排的會議、長官可能也有事情不在辦公室，這就是今日最不會受干擾的時間，也是拿來完成重點工作的最佳時段。雖然計畫有時候會

趕不上變化，但有計畫至少不會每天都在打遭遇機動戰，白白浪費許多時間。

　　家人間的相處，也可以產生類似的時間分配默契。例如：上班日晚間 7 點到 8 點就是一家團聚用餐的時間，8 點以後就是家庭成員各自的活動時間，週末及假日則可能又有另一套的分配方式；既然人類大腦受習慣制約，那就讓這些時間分配自然形成一種習慣，如此也不容易產生一種因為不熟悉而產生的排斥與抗拒心理。

· · ·

　　另外，隨著智慧型手機的普及，即時通訊，系統幾乎成為全民的基本配備，常在搭捷運上聽到叮咚一聲，就看到三、四個人一起翻包包找手機。即時通訊就像電腦的多工功能一樣，原本是為了讓人們更有效率的工具，最後卻成為制約與掌控人們隨時確認和回覆的枷鎖。我強烈建議大家在下班時間，嘗試讓自己養成利用零碎時間查看訊息的習慣。因

為如果這些訊息內容很重要，多半表示自己無法在短時間內解決，需要一段安靜專注的時間妥善處理；如果不重要，那更無須因為過量的訊息來干擾原本的生活步調與節奏。真正急又重要的事情，煩請打電話口頭溝通來提升效率吧。

### 珍惜時間，用心過好每一天

填寫行事曆的用意是，規畫許多個明天。然而，根本沒有所謂的明天，只有一連串的今天。我們都被教導理應向未來追夢，以各種事件與目標填補未來，告訴自己等到某天我就會很快樂，會變得有錢、會更自由、會遇到對的人與愛情。然而，生命的長度永遠是個謎，與其對未來計畫與準備，不如好好對待當下一連串的今天。

每個人都擁有一天 24 小時，共 86,400 秒。許多書籍及理論都勉勵我們要充分利用每一秒，才不會在將來為虛擲光陰而懊惱。於是我們拚命地設定目標，排定執行時間表，盡可能在 86400 秒內塞入最多的可能。然而，不斷累積目標數

量真的代表良好的生活品質？究竟是我們使用著時間來追求夢想，還是像個倉鼠般不由自主地在旋轉輪上跑？

• • •

　　很多時候我們的問題是「什麼都想要做」，不想拒絕別人、不想錯過機會，但是一次端太多杯咖啡，沿途必會濺到無辜的人。一次做一件事，投入且完整的做，它就能領著我們進入完美的時刻。當效率成為一種癮頭與崇拜，速度的本身就變成一種目標，彷彿愈快就愈值得接受掌聲。這種追逐速度的外在生活與企盼舒緩的內在生活間的嚴重分歧，讓許多人愈來愈不快樂；也因為「慢不下來」的習慣，讓許多人連紓壓的娛樂也講求速成，卻不知真正能紓解壓力的，正是專注投入某件事物而忘懷時間的流逝。

　　過快的速度會讓人習慣性跟隨第一時間的反應，然而人的第一直覺往往依賴著經驗與本能反應，真正能深入思考的機制需要多一些時間來啟動。如果我們都成了速度的崇拜

者，會不會許多決策都有存在著可以更完美的可能？

## 時間管理要「抓大放小」

　　許多人在時間管理上常面臨的矛盾就是，把行事曆排好排滿，然後努力達成目標，毫無留白的時空累積了許多壓力和情緒，日子忙碌卻不覺得滿足；若完全不做任何規畫，把時間交給情緒與習慣隨意運用，又容易陷入一事無成的窘境。對我而言，在時間規畫上「抓大放小」，是一個不錯的折衷原則。

●　●　●

　　何謂「抓大放小」？舉例來說，我會在每年年底花上幾天時間，規畫未來一年想要完成的重要事項。例如讀完 20 本的書、壘球隊出席率要在 60% 以上、出國自助旅行一次、認識一些新朋友、設定投資的被動收入目標……等，也就是設定一些重點目標，透過一段較長的時間來達成。如果覺得

規畫一年的時間太長了，也可以縮短規畫的時間長度，訂出每季、每個月或每星期的階段目標。

但我並不建議個人生活的行事曆規畫（工作上可能無法避免）細到每天、甚至每小時，因為這樣在執行計畫的彈性太少，如果想做的事情三不五時就被一些瑣事或突發狀況打擾羈絆，就會因為無法依照進度而開始產生失望、挫折等負面情緒，這樣的情緒累積多了，就會開始厭惡或懷疑自己是否適合做這些事情，爾後就必須花更多的時間來撫平這些負面經驗。

• • •

想要在時間管理上「抓大放小」，首先必須要養成事先規畫的習慣，有空時可以想想未來有什麼事情想要做或必須要做，可以記錄在隨身攜帶的筆記本，或利用智慧型手機中錄音與備忘錄的功能，隨時將腦中的靈感與想法記錄起來，在規畫行事曆時就可以派上用場。

　　第二步則是要找出最適合自己的規畫長度。我對於訂出每年執行目標的長度感覺很舒服，而且每年回顧時，目標的達成率也相當好。至於每天的行事曆，通常只在面對不得不為的工作，或與他人有約時才會使用，因為真正重要的事情，不太應該在只剩幾天的情形下才開始動手執行，因為這樣短促的可用時間，反而會給我一種壓迫感。然而每個人對於時間規畫的最適長度都不相同，若經實際生活測試後，最適合自己規畫長度仍舊是以一天為單位，也請務必在行程間留幾個約半小時的空檔，好讓自己的情緒與大腦能有平復與整理的空間。

　　抓大放小時間管理術的最後一塊拚圖，就是要記得當自己的啦啦隊。無論是自己多麼感興趣的事情，也一定會遇到不順心的結果，更遑論那些必須「為五斗米折腰」的事情。然而，若被負面的情緒糾纏太久，就會愈提不勁來做這些必須要做的事情，所以愈快排解這些負面情緒，就能愈快進入正常的工作狀態或生活步調，也才能更快地解決引發負面情緒的癥結。當情緒低潮時，先找些能讓自己開心的事情來轉

換心情，會比埋頭苦幹的效果要好得多。

## 把時間納入 CP 值衡量的重點

我們在消費前，多半都會針對商品的價格，與預期可以帶給自己或家庭生活上便利性、炫耀性與滿足感等因素中進行比較，也就是大家常聽到的 CP 值高不高。在這樣常見的選擇過程中，時間似乎很少成為評估的項目之一，頂多是考量物品的保固期長短，或是後續維修的費用。然而，時間在消費的過程中，應該扮演更重要的角色。

• • •

我想以購屋作為例子，來說明時間在消費中扮演的關鍵角色，因為買房子應該是絕大多數人一輩子消費金額最高的商品。在東方文化的社會氛圍中，擁有自己的房子似乎是一種成人的象徵，再加上來自不同家庭的小倆口組成新家庭後，也會想要擁有一個屬於自己的自主生活空間，所以很多

人都希望能在結婚前，或至少在婚後一、兩年內，就能買下屬於自己的房子。

　　請試著想想，一個 35 歲左右的人，對於房子的居住需求，會與十五年後完全相同嗎？35 歲正當在職場衝刺之時，所以住家與工作地點的距離及交通便利性，應該是重要的使用需求；35 歲時膝蓋功能應該還算正常，所以可以忍受爬到四樓以上的公寓，來換取比較低廉的房價；35 歲買房時，小朋友可能還在學齡前，所以小學及中學的學區問題，也會是購屋時必須納入考量的議題。但是到了 50 歲以後，二樓公寓應該已經是體能與身體負荷的極限，同時小孩應該都已經進入高中以上的學校就讀，所以學區好壞，已不再是購屋衡量的重點。

　　進一步來說，商品的使用率高低，也是時間在消費中占據的重要關鍵。35 歲時，多數人每天要花 8 小時以上在職場打拚，其實每天有三分之一以上的時間房屋是閒置的，萬一再遇上工作調動，原本的愛屋可能已經失去了居住上的便利

性，反而會成為擁有者的另一個麻煩。如果是在 50 歲時買房，對應的是退休後的生活，除了使用房屋的時間會大幅提高，不得不搬遷的機率也將大幅降低。

或許你會有個疑問：那我先買符合 35 歲需求的房子，退休時再換不就好了？時間因素的影響，就在這裡：你的需求會隨著時間改變，價格同樣也會隨著時間改變。如果台灣房地產價格向下的趨勢非常明顯，是否有必要現在就高價買進？那你可能會煩惱剛結婚不買房，就得要跟公婆或岳父母同住，其實買房並非是擁有獨立生活空間的唯一解法，租賃也是個可以考量的替代方案，特別在台灣房價仍處高檔的當下。嫌搬家很麻煩？那剛好提醒自己不要買一堆一時心動、實際使用率卻偏低的「閒置物品」，順便節省開銷，這些存下來的金錢，會讓自己與家庭在未來擁有更多樣化的選擇。

此外，除了關注在時間因素下，商品價格與自身需求的變化；對於長時間與我們接觸的物品，更應花更多心力選擇與評估。舉例來說，我們常為了買一台電視機、電腦或智

慧型手機認真比價，但甚少願意投入同等心力，來選擇一張一天至少要睡 7 小時的床墊與床架，或是鼻梁上的眼鏡，以及貼在眼球的隱形眼鏡。也因為忽略了時間軸變化在消費決策上的重要性，或者不夠重視長時間使用的床墊、眼鏡等物品，所以，在分析不足的情況下，做了不甚妥當的決定，未來都必須接受思慮不周的決定所造成的困擾。這些問題其實只要在做決定前，多費神思考可能會隨時間變化的因素，多半就能事先預防，或至少將負面的機會成本，降低到自己與家庭可以負擔的程度。

• • •

「計畫本身無用，然而做計畫的過程是無價的。」我們很容易混淆了計畫本身與做計畫的過程、分不清楚夢想本身與逐夢的過程、愛的本身與追求所愛的過程。許多時候，最讓人動心的機會往往出現在追尋其他夢想的途中，我們有時必須預先設想可能發生的一切，有時則必須隨興，這絕非可以單純二分法的事物。計畫能夠引燃各種火苗，但是沒有兩

種火苗是一模一樣的，而生命真正需要的，只是火苗所帶來的光與熱。約翰・藍儂說得好：「生活，就是當你忙著計畫一些事情的時候，所發生在你身上的另一件事。」

在與他人彼此交錯的人生中，或許某個階段的生活並不如意，而他人絢爛的光彩狠狠地映照出自己的狼狽。但將時間軸拉長，經過數個起伏後，就能扎實地體會到：人生不可能永遠順遂如白晝，但也不會長期處在幽暗的低谷。唯有從光與影下真實地走過，才能感受投射在身上的不同熱度，而這正是生活的本質。時間公平地給予每個人選擇與體驗的機會，請珍惜這些專屬於自己的回憶，因為這些才是生命中獨一無二與無法取代的珍貴寶藏。

## 找回儲蓄的美德

還記得 Part II 關於趙二與王朝、馬漢的〈原始人三部曲〉嗎？趙二為什麼一開始能有時間來研發新式捕魚工具？又為什麼當王朝與馬漢推出模仿品搶市場時，趙二能研發出

新創產品？除了趙二個人的能力外，當其他人一天吃兩條魚才滿足時，趙二願意一天只吃一條，把另一條魚存下來，作為他研發工具無法捕魚時的糧食；當趙二靠工具賺取更多的乾魚貨時，他並沒有讓自己一天多吃幾條魚，而選擇將這些多出來的魚乾存下來；所以趙二才能在市場上出現競爭的捕魚產品時，還有機會靠創意扳回一成。

上述延後物質享受，甚至有時必須挨餓的選擇，心理學上有個專有名詞稱之為「延遲享樂」。史丹佛大學的心理學家華特‧米歇爾（Walter Mischel），曾在 1960 年代針對 4 歲以下的小朋友進行了一項棉花糖的實驗，實驗方式如下：

每次一位幼童進房間，讓他們坐在桌邊，研究人員則在桌上放了一顆棉花糖，並且告訴這個小孩，他要離開幾分鐘，在他回來以前，如果他能不吃掉桌上的棉花糖，那等他回來之後，就能夠吃兩顆棉花糖。

研究人員十年後繼續追蹤這些小朋友的生活狀況時，發

現當初願意等到研究人員回來的那群小孩，長大後比較能夠自我激勵，善於因應困難，面對挫折時也比較能夠堅持下去。相反地，馬上就吃掉棉花糖的孩子，則比較容易分心，也比較沒有動力，做起事來顯得雜亂無章。

## 掌握儲蓄三步驟

儲蓄也是這種「延遲享樂」邏輯的延伸。我們原本可以用全部賺來的錢來買漂亮的衣服、慰勞自己的大餐、晶亮的鑽戒、高貴的進口轎車……等物品來獲得滿足感；儲蓄卻是一種「量入為出」的觀念，要求在消費行為前，必須嚴格的區分「需要」與「想要」，並且只買進「需要」的物品。

• • •

要怎麼分辨哪些是生活的「必須品」，哪些又是想要的「奢侈品」？我建議從學會記帳的基本功做起。因為花錢真的如流水，如果沒有經過記錄與分析的過程，真的很容易成

為月光族後，還不知道每個月的收入究竟都花到哪裡去了？記帳就是讓自己可以清楚知道，錢到底花在哪些地方，而且現在已經有非常多免費的 APP 可以幫助人們輕鬆記帳。

留下花錢的紀錄只是第一步，第二步則是要對這些消費分門別類，看看自己吃東西花了多少，買衣服花了多少，更要算算每個項目占總支出的比例是多少，最後每個月能結餘多少錢，或者根本是月光族，甚至還入不敷出。很多人看到最後的統計數據時，都會對於某一項目支出金額感到不可思議，例如：為什麼花了那麼多錢買衣服、吃大餐、加油、唱KTV……等，而這些花費太高的項目，就是必須優先縮減的支出。

或許有人會說：「剛出社會薪資所得那麼低，怎麼有可能存到錢？等收入比較多以後，再來談存錢的事情。」

還記得人腦非常倚賴習慣與情緒來運作嗎？如果一開始就沒有養成儲蓄的好習慣，實在很難期待，當大腦已經養成

有錢就花的習慣後，還能改掉舊習慣，重新培養儲蓄的習慣。另外，剛出社會時收入低是實情，但因為只要養活自己，所以相對必要的支出也少，反而是學習儲蓄的最好時機，因為只要每天省下一杯咖啡錢，一個月也就有 2000、3000 元的結餘，在薪資相對低的時候，省下的這筆錢可能就占收入的10%，這對於心理而言，會有很大的鼓舞效用；像這樣積少成多的小確幸發生的次數愈多，正向回饋的滿足感及成就感就愈高，自然也就更容易養成儲蓄的習慣。

知道自己的消費狀況後，第三步就是設定儲蓄金額的比例。設定儲蓄金額比例的目的，就是強迫自己將每月收入的一部分給存下來。這個存錢比例的設定有些學問，如果本來就會剩下約 10% 的收入，我會建議將儲蓄比率試著拉高到15%，因為根據我自己的經驗，再怎麼精明的消費者，每個月至少也都會花費 10% 以上的收入在一些其實不怎麼必要的項目上，所以強迫自己從現有支出節省 5%，施行的難度其實並不高。

　　如果是月光一族，我會建議儲蓄比例由 3% 開始，在半年到一年內逐步提高到 10%。萬事起頭難，不要一開始就設定過高的目標，卻因為無法達成而放棄。就像玩遊戲一樣，從簡單的關卡累積勝利的喜悅，再向高階的魔王邁進，逐步養成儲蓄的習慣，就能輕鬆存下更多錢，讓自己的未來有更多的選擇與更少的風險。

## 別讓現在的享樂賣掉你的未來

　　為了鼓勵消費者從口袋將錢掏出來，許多信用卡業者都推出無息分期付款的優惠措施，讓消費者「以為」自己能負擔一些單價較高的商品；更甚者，只要消費者出頭期款，餘下的費用全部以銀行貸款方式處理，這種「先享樂、後付款」的商業模式，剛好與儲蓄的理念南轅北轍。

　　我非常討厭這樣的商業模式，因為這等於是要人們透支未來的收入，來償付現在的快樂。在 Part I 中，我們已經知道台灣政府其實就是個花錢如流水的敗家子，如果政府依舊

不改這樣的惡習，你認為將來退休的生活還能靠政府養嗎？靠山山倒，靠人人跑，靠自己最好，如果自己也在玩寅吃卯糧的遊戲，讓自己的未來堆滿債務而非儲蓄，這樣無異於玩火自焚。

許多年輕人剛出社會，有了點積蓄就會面臨要先買房還是先買車的抉擇。但我想問，這兩樣都一定要現在就買嗎？沒有車就什麼都做不了嗎？我出社會十四年後，才擁有人生的第一部車。工作、旅行的交通需求，其實有大眾交通工具、計程車、租車、摩托車等太多可以選擇的替代方案，我承認自己開車擁有最高的便利性與自主性，但值得為了這些，在剛出社會時，就背上一個月 1 萬多塊的車貸嗎？如果再加上念大學時的助學貸款，一個月至少 30% 以上的收入全部用來償債，這不但是財務上的重擔，也會是個沉重的心理壓力。

### 想買房？先試算房貸負擔率

同樣的邏輯，對於想要買屋的朋友，可能必須先惦惦自

己與家庭口袋的深度，我會建議採取房貸紅綠燈的方式，利用房貸負擔率來設定自己買房的綠燈預算上限。

**表 3-1 買房負擔紅綠燈**

## 該問「買不買的起」

| 房貸負擔率 | 燈號 | 說明 |
| --- | --- | --- |
| >55% | 紅燈 | 沈重的房貸壓力 |
| 35%～55% | 黃燈 | 完善的財務計畫 |
| <35% | 綠燈 | 忘記房價的起伏 |

　　房貸負擔率的定義是：房貸款月攤還額／月可支配所得，再利用簡單的五個步驟，就能算出家庭綠燈購屋預算：

　　步驟1：計算家戶每月收入（假設為新台幣12萬元）

　　步驟2：計算每月房貸支出（12萬X35％ = 42,000元）

　　步驟3：房貸利率設定（以目前房貸+2％，假設為4％）

　　步驟4：反算房貸總額（google房貸試算網頁，用試

誤法找出每月房貸支出 42,000 元時，總房貸
金額是多少，通常設定為 20 年期房貸）
步驟 5：綠燈購屋預算（房貸總額加上購屋自備款）

　　一定有很多讀者想問，為什麼我要在台灣中央銀行長時間維持低利率的現在建議在推估房貸利率時，要以現在的房貸利率加上 2% 計算？那是因為美國 2017 年已經升息三次，預估 2018 年還要再升息三次，這也代表美國已經確定走回升息的道路上，如果 2018 年美國真的升息三次，就代表美國的基礎利率將穩定在 2% 以上，跟台灣目前 1.375% 利率間就有明顯的利率差，台灣的央行還能撐著不升息多久？況且房貸一繳就是二十年，你能樂觀地預期利率這二十年都維持低檔嗎？如果現在高估未來的房貸利息支出，都不會造成家庭財務上過大的負擔，那預測失準只會讓未來的手頭更為寬裕；如果現在低估未來的房貸支出，只會造成未來更重的財務負擔；「料敵從寬、律己從嚴」永遠是風險最低的評估方式——特別針對買房這種巨額消費行為。

至於為什麼房貸利率要加上 2%？那是因為中央銀行2003 年到 2008 年的升息過程中，重貼現率總共調升了 2.3%，所以用 2% 的升息區間預估，尚屬於合理的範圍。

如果更為保守的家庭，還可以將步驟一每月家戶收入打個折，折扣數就是之前算出的強迫儲蓄比率，例如現在實質

圖 3-2　綠燈購屋計算圖

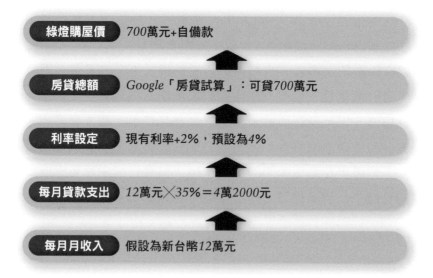

| 綠燈購屋價 | 700萬元+自備款 |
| 房貸總額 | Google「房貸試算」：可貸700萬元 |
| 利率設定 | 現有利率+2%，預設為4% |
| 每月貸款支出 | 12萬元╳35%＝4萬2000元 |
| 每月月收入 | 假設為新台幣12萬元 |

收入為 15 萬，儲蓄比率為 15%，那實質可動用的月收入就變成 15 萬 × 85% = 12 萬 7,500 元整。

## 製作家庭預算表

養成儲蓄的習慣後，下一個進階版的任務，就是主動規畫食衣住行育樂等家庭支出占比。首先，我們可以透過過去半年以上的家庭支出帳簿，計算出各類消費及儲蓄所占的比例，接著，思考家庭未來五年內，可能會面臨的大筆支出，例如可能需要換車、小朋友上大學的學費、自己或配偶的進修計畫等，然後預估執行計畫可能需要的費用金額，最後，就是想辦法藉由設定日常生活消費最高比例的方式，妥善規畫家庭的每一分收入用途，以下是具體的執行方式：

一、**支出小於收入**：不然根本就不需要編列家庭預算表。

二、**設定輕重緩急**：儲蓄、家庭生活必須的開銷，以及能夠提升家庭未來收入的支出事項，應該是預算表

該優先滿足的項目，但也請別把想要的事項（例如雙 B 轎車），刻意當成生活需要（裝有兒童座椅的一般房車）的項目。

三、**細項內平衡**：如果過去平均每個月花在 KTV、看電影等娛樂支出，占總收入的 6%，而 3 年後可能要跟大學班上去國外畢業旅行，就可以從原有育樂 6% 的比例中，撥出 1-2％預先支應這筆同屬育樂項目的大支出（切記，這不應該是動用儲蓄的理由。）

四、**預算合理性**：建議以過去消費習慣，做為預算編列的範本，且不可以因為明年想要換車，就編出台北三口家庭每個月伙食費上限 10,000 元這種離譜的預算上限。

五、**編列家庭預備金**：政府預算內所謂的預備金，就是為了應付不可預知的事項，我會建議將原先占收入 10% 的儲蓄額中，撥出三分之一到二分之一逐月累

積，做為家庭的救命錢，直到這筆錢足以支應家庭
半年以上正常開銷後，才可以考慮停止撥款；此外，
這筆錢也請以銀行定存等風險最低的方式保存，以
避免資產減損。

六、**追求預算盈餘**：家庭不比政府，當個八年就能拍拍
屁股換人承擔債務，編預算的目的不是要把錢花光
來追求 GDP 的成長，反而該追求藉由更聰明的消
費方式節省開銷；家庭可以設定盈餘的 50% 做為來
年娛樂支出的方式，鼓勵成員更聰明的消費。

七、**先存錢再買股**：用來買股票的金錢，絕不可以是另
有他用的資金，且口袋不夠深，會限制購買績優股
的機會，因此至少請等到儲蓄額扣除家庭預備金，
到新台幣 50 萬後，再考慮進入股票市場賺取資本
利得。另外，若採定期定額扣款投資的方式，也請
控制這類型投資與保險項目的合計支出，不會超過
總收入的 10%。

八、**每年重新檢討**：每年家庭面臨的支出與收入條件不可能相同，況且前一年度滯礙難行之處，也需要進行修正，所以家庭至少應以年為單位，重新檢視家庭預算規畫是否合宜。

適度的儲蓄，能帶來心理上免於匱乏的安全感，「延遲享樂」的概念，更可以幫助自己釐清想要與需要間的差距，最後再透過編制家庭預算表，預先分配未來家庭的各項支出的方式，讓自己跟家人辛苦賺進口袋的每一分錢，都能獲得最有效的運用。

## 聰明消費八撇步

想要擁有免於匱乏恐懼的生活，除了養成儲蓄及編列家庭預算表的習慣外，另一個關鍵點在於如何成為一個聰明的消費者。然而，幾乎所有的產品的生產者，都會透過電視、網路、傳單、簡訊等不同管道，希望刺激消費者購買他們的產品，以利公司的財報數字能更好看，能替股東賺進更多的

錢，當然也能讓政府在意的 GDP 數字成長。

但就如前篇章節所說，政府只要確保能付得出債務的利息，就能把炸彈丟給下一任政府來頭疼，但家庭或自己的負債過多，除非有個有錢且願意承擔債務的長輩，不然償債支出過大，可是會嚴重影響生活品質，以下就教大家幾個聰明消費的小撇步。

### 撇步 1　貨比三家不吃虧

比價是學會聰明消費的第一步，在 Line、臉書甚至網站等平台，也有很多針對特定商品開設比價頻道、粉絲俱樂部或者部落格，所以如果想要購買某類商品時，請一定要在 Google 上鍵入商品名稱等關鍵字，務必善用網路這個使用成本極低的比價工具。

要怎樣有效運用網路來比價？應該很多人的做法，都是在瀏覽網路時，把所有產品的頁面先開好開滿，然後再來精

挑細選，但通常等到要開始篩選時，才發現看了 D、E、F 的規格，就忘了 A、B、C 的樣子，然後到底是 E 產品有到府收送的售後服務，還是 B 有延長保固期至 3 年的優惠？花了一堆時間撈寶，然後自己被一堆資訊淹沒，最後還是只能靠單價最低這簡單的方法來決定購買商品。

在網路比價時，請記住關鍵數字「3」，因為人腦同時能處理的資訊比數大概就落在 3 ～ 5 個。舉個例子，多數人在念自己的身分證字號或手機號碼給別人抄寫時，多半不會一口氣 10 碼一起唸出來，因為他人一定記不住也來不及抄，因此請你專心扣除廣告後，前三篇內出現的商品名字，如果覺得商品不錯，就以另開頁面方式留存，但商品頁籤最多三個，如果發現第四個心動的商品時，請從目前四項商品中，選擇一個最不好的刪掉，然後再繼續搜尋，直到看完前三頁搜尋結果，或者覺得產品已經出現大幅重複時就可以停止。

確定心目中的前三名商品後，接下來換搜尋各項商品的開箱文及評價，這輪網蒐的重點，在於哪件商品最符合自

己的需求，也請一樣專注在前三頁的網路評論即可，如果是稱讚產品優點的部分，最好是看到有不同開箱文都推這個優點，如果看到商品的缺點，就要思考這個問題會不會同樣困擾自己。最後，如果這件商品可以在實體商場看到，我會建議大家勤勞點，眼見為憑的確認一下產品的規格，順便看看實體商場的賣價，有沒有比網路更低。

最後，千萬不要買個衛生紙或礦泉水，就窮盡蠻荒之力來比價，最後為了追求最低價，變成去 A 商場買雞蛋、B 市場買蔬果，浪費了大筆的時間，只換來零頭的節約；我會建議設定每月收入 5% 的「比價門檻金額」，當成啟動前述比價模式的開關，如果購買的商品價格高於門檻金額，就請開啟比價模式，這樣只要省下 1% 的預算，都會是很有感的節約。

### 撇步 2　習慣性小額消費是隱形錢坑

雖然我不建議對小額消費管的太緊，但有一種例外狀

況就是，習慣性的小額消費。舉例來說，每天上班前，都要到星巴克或超商買一杯咖啡，經過小飾品攤販就一定要帶個一、二件等，都是很典型的習慣性小額消費。

這種消費類型的特色，在於單次的金額不大，花錢的警覺性不會很高，但累積一定時間後的金額其實還不算少，陷入這種消費麻煩的人，通常都會覺得自己好像也沒買什麼東西，但錢包總是不知不覺地就空空如也。

解決這個問題的第一步，就是透過記帳，把一個月的消費明細一次拿出來檢視，就可以很容易找到，自己到底會買哪些單價不高，但其實也沒那麼需要的東西。在瞭解自己面對哪些商品老是會走心後，下一步就是利用逐漸降低消費頻率的方式，來改變自己小額消費的習慣。舉例來說，原本習慣每天一杯大杯星巴克，先改為兩天一杯，再慢慢降到一星期一～二杯，這樣漸進式的消費刪除法，比較不容易引發情緒上的負面反彈，自然也比較容易達成目標。

最後，如果真的很喜歡喝咖啡，不妨思考一下改變消費模式，例如透過「貨比三家不吃虧」的法則，買一台最適合自己的咖啡機來泡咖啡，一來可以選擇自己喜愛的咖啡豆，二來可以讓家裡充滿自己喜歡的咖啡味，三來可以比光顧星巴克來得更為省錢。

習慣性小額消費的另一種型態，就是很容易被商家用加價購或者集點的方式吸引消費。舉例來說，櫃臺小姐在結帳時，說因為這次消費總額達 500 元以上，可以用 7 折的優惠，限時限量換購某一種商品；或是再拿一罐 20 元飲料就可以再多獲得一點等，消費者很容易就因為價格折扣很殺，或者集點可以兌換的禮物，就掏錢買了根本不需要的東西。

那麼，要怎樣關掉這種漏財的開關？除了列出購買清單，不在清單上的物品就不放入購物袋外，最重要的還是建立「沒用的東西，再便宜都是浪費」的消費觀念，除非贈品對自己或家人真的有用，不然多一張集點貼紙，充其量只是又多了一個可以送人的公關品，或是在整理皮夾或包包時的

垃圾罷了。

## 撇步 3　吃到飽的代價

年輕時，總以為吃到飽餐廳最划算，因為從口袋掏出的錢有限，卻可以無限量的吃多種食材，卻從未察覺餐廳中最昂貴的食材，往往都是最慢補貨、最快清盤，而且吃到飽業者其實都已經把當日所有備料食材的量，所需的成本，納入人頭訂價的考量中；換句話說，過去的我以為這樣大吃大喝是賺到，到頭來卻是連那些沒吃完的食材都一併付費，也很容易在不知不覺中傷了脾胃。

另一種吃到飽的迷思出現在智慧型手機上網費用，很多人都會直覺的選擇 4G 網路吃到飽的方案，卻都不知道自己手機上網通訊的實際用量，更有很多人是家裡配合第四台或中華電信 MOD 一併申裝網路，然後手機還是維持吃到飽的費率，其實台灣各主要的電信服務商，都有幫客戶統計手機網路用量的服務，也都有臨時加購網路流量的服務，所以最

適當的做法，應該是看看自己平均的網路使用量，然後選擇流量稍微高一點點的方案就足夠了，以我自己為例，從本來吃到飽的網路費率，一下子降到每月固定 3G 用量方案，網路費用也直接對折。

就算偶有使用超量被降速的情形，我也發現電信商降速後的服務，除了不能看影片外，股票網路下單、遊戲、網路查詢等功能，除了速度變慢外，好像也都能正常運作，讓我不禁懊悔，當初為何要貪圖隨時都有網路的便利性，讓自己花了好多冤枉錢。

吃到飽模式，基本上就是利用消費者貪小便宜及貪圖便利的心態，以讓消費者無限使用做為誘因，吸引消費者購買超過自己所需的商品與服務，進而讓消費者習慣這樣的消費模式，廠商就能創造更多穩定的利潤。這樣的商業模式有一個很大的缺陷，就是一旦消費者數量超過廠商預估時，例如太多吃到飽方案的網路用戶湧進同一個區域，就會引發網路塞車等服務品質下降的結果，供應商面對是否應該增加設備

投資的抉擇，用戶則覺得吃到飽承諾跳票，如果吃到飽模式會造成這種兩方都沒得利的情形，消費者應該想想，這種消費模式真的聰明嗎？

## 撇步4　量大不一定省錢

　　之前看過美國一個節目，邀請美國民眾比賽，誰能利用大賣場的折價券，省下最多的金錢，就能贏得節目額外提供的購物基金，因為賣場折價券通常都有最低消費數量的限制，因此每個參加節目的民眾，最後都推著滿滿的購物車來到收銀機前；更讓人吃驚的是，當節目到優勝者家中訪問時，五口之家的地下室，擺了超過 30 罐的洗髮精、洗衣粉、乾糧、奶粉，然後民眾還沾沾自喜說，自己每天都要花一、二小時在比較跟整理各大賣場的折扣卷，堆積如山的商品等於是用定價 3 折買進。

　　當下我第一個念頭是，這些便宜商品的保存期限還有多久？五口人家能不能在期限內用完？如果屆時還要把這些過

期的商品，原封不動地丟到垃圾車，然後再去賣場填補儲藏室的空缺，這真是個非常不環保，但很符合刺激民間消費可以促進 GDP 成長的消費循環。

我不否認很多大賣場會提供量大折扣的優惠，我自己也是這種大賣場的常客，但利用折扣消費的前提，還是自己跟家人需要這些物品，該怎樣聰明運用這些量大的折扣？

**一、揪團一起買**：既然一次買來的量遠遠超過正常家庭的需要量，不如就找一群有共同需求的親朋好友，一起組個採購團，這樣既可以享受大量的價格優惠，又不用擔心用不完浪費的問題。

**二、生鮮要分裝**：一進家門，就立刻把生鮮食品分裝成一次要烹調的量，然後在容器上註明購買時間及保存期限，然後把最接近到期日的東西，放在最接近冰箱門口的位置，這樣要用時只要拿一包即可，避免所有食材都要重複解凍再冷凍。

**三、勤列購物清單：**在進入賣場前，請先整理好自己需要的物品清單，我的習慣是會把清單打在手機的備忘錄內，購物時如果有不清楚的地方，就可以很方便的查詢。

**四、設定敗家上限：**在琳瑯滿目的貨架中，難免會看到自己心動想買的物品，此時可以設定如 1,000 元可用於購買非計畫購買物品的上限，滿足自己想要購物的小確幸。

除了實體賣場外，網路購物也很可能陷入量大折扣的陷阱，我還有一個釜底抽薪的方法，就是設定好一些居家耗材品的庫存量，例如我家的儲藏櫃固定會有二條牙膏、一包左右的衛生紙、一包洗衣粉等，養成這樣定量補貨的習慣，就不容易發生為了折扣而買太多的情形。

## 撇步 5　忘記沉沒成本

之前遇過一個朋友，在買完出國旅遊的機票後，依然每天上網追蹤票價的變化，當他發現自己買的機票不是「市場

最低價」後，整個人就陷入了沮喪的漩渦，直到旅程結束回國後，都還能聽到他對於機票買貴了這件事碎唸不休。

　　想當然爾，這位朋友根本無心於那趟旅行中的點點滴滴，為了來回機票買貴了那一千多塊台幣，有必要讓好不容易空出的五天假期充滿負面的情緒嗎？

　　在經濟學上有一個專有名詞叫「沉沒成本」，定義為已經付出且不可回收的成本，以上面的例子來說，那張買貴了的機票，就是這趟旅行已經發生的「沉沒成本」，在理性假設的前提下，經濟學家都認為，做任何生活上的決策時，都不應該把沉沒成本納入考量。

　　然而，人有一種天生的「損失規避」的心態，假設你被邀請參加一項比賽，硬幣正面朝上就獲得 1 美元，反面朝上就要損失 1 美元，理論上這是一個公平的比賽規則，但絕大多數人都選擇拒絕參與比賽，這反映出人們對於等值損失的痛苦感受，大於獲得時的喜悅，許多經濟學家透過不同類型

實驗結果後發現，損失 1 美元的痛苦感受，大約要獲得 2.5 美元時的喜悅才能抵銷。

前述的例子，就是因為心理持續放大損失一千多塊台幣的負面情緒，導致自己忘記了，這筆錢已經成為忽略不計的「沉沒成本」，最後不快樂的旅程，就成為這樣心理誤謬機會成本。

怎樣才能讓自己學會忘記「沉沒成本」？我建議可以透過在生活決策不斷地練習，舉例來說，已經預購一張電影票，但當天颱風來襲狂風暴雨，此時你該思考的重點是，出門看電影的不方便性，跟自己想看這部電影的渴望到底孰輕孰重，而非陷入如果沒去看電影，那張電影票就浪費了的思考迷思。

此外，如果可能成為「沉沒成本」的金額數字很大，這時消費者該做的事情，則是尋找方法來降低「沉沒成本」的金額，舉例來說，假設新看到的機票，既可以符合原來旅行

的行程，跟之前票價差額又大於退票手續費時，該做的當然就是先把便宜的票買起來，再把手上的票退掉，這樣就是在降低機票的「沉沒成本」。

天有不測風雲，人生其實就是個不斷修正的過程，如果老是讓自己糾結在過去「沉沒成本」的負面情緒裡，很容易會影響當下的決策品質，然後引發一連串向下沉淪的負面漩渦，可就得不償失了。

## 撇步 6　別碰循環利率

信用卡其實是個「劫貧濟富」的商業模式，發卡銀行除了向企業端收取一定比例的手續費外，無論是現金回饋、集點送贈品，或是里程數換高鐵或飛機票等優惠，基本上都是富有者得利，但高額的循環利息，多半落在經濟條件不佳者的身上。

2005 到 2006 年間，因為現金卡的盛行，台灣爆發了雙

卡風暴，逾 80 萬人成為動用循環利率的卡奴，還好政府在 2008 年訂定《消費者債務清理條例》，讓這些被超過 10% 以上銀行循環利率壓得喘不過氣來的人們，可以透過法院更生或清算等程序免除或清償部分債務的方式，能夠有喘息的空間。

所以聰明的消費者，絕對不該動用信用卡的循環利率，因為這是利息負擔最沉重的合法借貸管道，就算走上述破產程序可以減債，基本上也會變成銀行的拒絕往來戶，不良的信用記錄也絕對會影響未來求職、創業甚至家庭等生活。

其實信用卡用得好，反而能幫消費者節省荷包，舉例來說，如果工作性質需要當個空中飛人，那麼辦一張最常搭乘航空公司的聯名卡來累積里程數，一、兩年就能帶家人用免費機票出國度假一次；如果是開計程車的駕駛大哥，選一張加油有折扣的卡片；如果習慣透過網路購物的讀者，現在也有網路通路高百分比的現金回饋卡，在薪水停滯的年代裡，善用這些信用卡的回饋機制，一個月也能省幾個便當錢。

對於一般大眾，我會建議選擇使用無回饋上限、無通路限制，並且能直接現金回饋的信用卡，因為信用卡點數的購買力很容易巨幅貶值，而且只能換發卡銀行限定的贈品，遠不如上期消費回饋金直接扣抵這期消費來得好用。

至於很多信用卡推出的無息分期的優惠，能少用就少用，倒不是銀行有隱藏的費用，而是這種帳單分期遞延繳費的行為，很容易就會讓消費者忘了到底還有多少錢該付給銀行，直到下期帳單寄來後，才驚覺自己花了太多錢；如果真的要使用這項優惠來購買單價較高的東西，請直接把半年要付的金額直接記入帳本內，並且嚴控同品項消費不得超過預算上限，以免不知不覺掉進啟動循環利息的陷阱裡。

### 撇步 7　意外之財也是財

依據統計，美國威力球 70% 頭彩得主，最後都走上破產的命運；每個人幾乎都夢想成為樂透頭彩得主，但有多少人真的做好一夜致富的準備？就算不談這種比被雷打到機率還

低的事情，身邊很多朋友還是習慣把公司發的獎金，在很短的時間內揮霍殆盡，然後這筆意外之財，真的成為身外之物了。

既然被稱做意外之財，代表之前沒預計能拿到這筆收入，換句話說，這筆錢完全沒有被納入預算管控的範圍內，這時如果又有一些想要的東西，因為不在消費清單中而被犧牲時，內心的慾望很容易就能以「反正這筆錢本來就是多的，花光也不會影響生活」這樣的理由，說服自己買下想要的商品。

當口袋裡有筆意外之財，近期又有讓自己不快樂的事情，或者看到同事桌上的新手機、身上的新大衣，很容易就會有衝動消費的念頭，希望透過買東西的過程，帶給自己快樂的感受，或者讓自己跟別人比起來不會差那麼多。這種物質上的軍備競賽，帶來的快樂通常很短暫，然後就需要購買更新款的服飾、更酷炫的手機來麻痺自己，最終不但花光了意外之財，很可能還會排擠其他項目的消費預算，甚至讓自

己成為入不敷出的月光族。

對於這種想要放縱消費的想法，我建議可以告訴自己，世事福禍相依，既然已經收到了意外之財，會不會在不久的將來遭逢需要破財消災的倒楣事，因此這筆意外之財，至少要先按照薪水扣除一定比例做為儲蓄，剩下的資金才可以自由運用。此外，試著降低自己對於物質生活的慾望，也是讓生活中更容易快樂的好方法，因為快樂來自於慾望的被滿足，學會了控制慾望的無限擴張，其實就等於學會了控管自己的消費，切斷金錢與滿足感間的等號，或許才是人生可以長時間快樂的重要關鍵。

最後，不要老是期待自己成為擁有意外之財的幸運兒，偶爾在大樂透、威力彩獎金高到成為新聞焦點時，跟風一下無傷大雅，但沉迷到每期必買彩券，甚至求神拜佛尋求好運，那就十足的本末倒置。切記，人不理財，財不理你，幾乎所有白手起家的富有人士，第一桶金都來自於節制消費下的儲蓄。

## 撇步 8　助人為快樂之本

　　2011 年 Youtube 上有一段超過 2,300 萬點閱的影片「ONE DAY」，一位工人扶起了玩滑板跌倒的小朋友，還幫他收拾散落的物品，小朋友心存感激的協助一位想要過馬路的老人，老人將手中的零錢給了路旁需要繳停車費的婦人，善意就這樣一層層的傳遞到上班族、司機、街頭藝人、紅衣女孩、用餐的婦人，最後，服務生端了一杯水給穿著背心的工人，這份善念又回到他身上。這些給出去的幫助其實都不會占去自己太多的時間、花費太多的金錢，卻能讓自己輕易擁有一個早上的快樂情緒。

　　除了快樂，這種助人的行為也能對自己的健康有正面的影響，從 2003 年開始，美國密西根大學（The University of Michigan）開始了一項為期五年的實驗，追蹤了 423 對年長的夫妻，調查他們在這段期間內有沒有施予他人諸如親戚間互相搭便車、看顧小孩等「實質上」的幫助，以及伴侶間互道我愛你等精神上的相互支持。研究人員發現，從別人那獲

得幫助對本人健康上的幫助微乎其微；但給予別人「物質上」的幫助能使致死率降低 42%，而給予他人精神上的支持也能使致死率降低 30%。所以幫助別人本身是一件成本不需要很高，但是在感受快樂與維持身體健康上，都有著非常好的成效的簡單行為。

或許我們的收入已經數十年沒有成長，或許我們看著都會區房價飆漲，暗嘆何時才能替家人買個窩，然而比上不足、比下有餘，台灣還有多少吃不飽、穿不暖的同胞，等待著他人的援助。從現在起，試著將收入的 1 ～ 2%，捐給你最喜歡與信任的社福團體，未來如果有時間，更希望大家可以親身參與服務他人的義行，一同體驗「施比受有福」的快樂。

開始幫助他人後，也很容易得到他人善意的回應，也是建立自尊與得到他人尊重的好方法，而尋求尊重已經是馬斯洛理論中僅次於自我實現的高階滿足範疇，一些對他人舉手之勞的協助，就能讓自己擁有許多快樂且持久的情緒與回憶，這是聰明的消費者，應該要養成的重要習慣。

## 增加被動收入

在 Google 上鍵入「被動收入」，就能看到諸如「連睡覺時都有現金進帳」、「怎樣才能不上班也有錢」、「擴大被動收入，XX 歲賺進 OO 萬」等讓人興奮的標題，好像被動收入就是個「不用努力、無需成本，就能躺著數錢」的鈔票製造機。然而，經濟學中最沒有例外的原則之一，就是天下沒有白吃的午餐，所以被動收入絕非可以不勞而獲的賺錢捷徑。

什麼樣的收入是被動收入？股票、原物料等市場的投資收益（包含價差與利息）；寫書、譜曲、寫詞等版稅收入；銀行存款的利息；房租、汽機車、發電機、樂器及其他設備租賃收入……等，都可視為被動收入，而這些收入的運作模式一定要先付出一定的成本才能取得。例如：存到投資的第一桶金、說服金主投資自己的公司來購買設備、努力在鍵盤上敲敲打打寫出作品，在這些前期的努力階段幾乎不會帶來一絲一毫的現金流。換句話說，建立被動收入的賺錢模式，

是在可能無法成功的風險下先付出成本，這些成本不限於金錢，也包含時間、創意、延遲享樂與消費、人脈等無形成本。

　　既然被動收入並不是一顆搖錢樹，為什麼還要鼓勵大家盡量建立這份收入？因為只要走過了努力的階段，就能嘗到不止一次的甜頭，只要有人在 KTV 點了你寫的歌，或在書店買了你的書，就會有一定比例的收入進到銀行的戶頭；股票投資也是一樣，花了一段時間研究財務報表，選定被市場低估的公司並買進後，股票真如預期地開始上漲，每天你的財富總值自然也就會水漲船高。所以說，被動收入就是「睡覺也能賺錢」的說法也並非全然誤導民眾，只是忽略了在被動收入流入帳戶前，必須經過那一段沒有報酬的努力期。

　　被動收入的另一個好處在於，時間自由。研究股票標的、文字書寫與旋律創作這些事前努力，都可以利用下班閒暇時刻來努力，也不會有老闆限定完成期限的麻煩。換句話說，被動收入的前置努力期間，不論在時間上和努力方式的自主性都很高，很像是一種自己當老闆的兼差，不用打卡、

工時彈性高，不爽時還可以直接罷工，相較於按件計酬或時薪制的兼差，可謂好處多多。

在上述眾多型態的被動收入中，比較適合一般讀者的可能是投資這塊領域，畢竟寫詞譜曲、書寫創作、乃至於房舍租賃等其他領域，還是存在著創意與成本金額上的進入門檻；而股票市場是進入門檻較低的被動收入選項。然而，進入門檻較低絕不等於錢很好賺，從結果來看，股票市場反而是殘酷的殺戮商業戰場，平均來說，約有 20%（或更少）的投資者賺走另外 80% 投資者的錢——這代表要成為股票投資成為贏家不容易，但贏家可以吃到的獲利大餅則相當可觀。

大家應該都很期待我在接下來的內容中，會指出哪些未來可能出現的飆股名單。然而一本書從完稿到出版，至少需要數個月的時間，就算我的眼光神準，等到各位看到這些名單時，市場早就不知道起了多少變化，只會讓大家變成為我抬轎的跟隨者。所以與其拿給你們一條魚，還不如分享一些股票投資的基本概念，以及自己曾經犯過的錯誤，讓大家對

於股票投資，能有一個比較全盤而清楚的概念，以及一定要
避開的錯誤行為。

## 你準備好要投資了嗎？

某天一名宅男到銀行櫃檯等著存款，旁邊一個身穿迷人
套裝窄裙的美女理專，用迷死人不償命的聲音說：「帥哥，
錢放在銀行已經賺不到什麼利息，要不要參考我手邊這個由
雷曼兄弟推出的〈錢進杜拜‧搶進奢華─連動債〉，你人
在台灣就能賺進杜拜五星級帆船飯店的財富呢！這商品經由
國際標準拉塞公司債券評等為 AAA 等級，比你存在銀行賺
更多，是 100% 保本商品，投資一定不會有虧損。帥哥，幫
我衝一下業績好嗎？」

相信很多人都親身經歷過理專推銷理財產品，雷曼兄弟
和杜拜政府後來的下場也是眾所周知；只是前述的故事依舊
不斷地在生活中上演，這是因為許多人既憧憬投資能帶來的
獲利，卻又對這未知的領域懷抱著恐懼，於是就演變成「道

聽途說」的亂槍打鳥式投資法，而這種將獲利交給命運來決斷的方式，造就了投資市場的 80/20 法則——80% 的輸家，將自己的財富拱手讓給另外 20% 的贏家。

投資就是「利用金錢購入投資標的，待投資標的價值隨時間上漲或分配利息（股利）時賺取利潤」。進入投資市場前，請先確定手邊用於投資的資金，無須支應任何生活所需之開銷。我建議至少要有個 50 萬元，換句話說，就算投資到血本無歸，也不會影響自己的日常生活，這樣才算具備了投資的第一個資格。

天下沒有不勞而獲的事，不要認為「聽專家說」就以為投資保證獲利。況且，若自己對想要投資的領域沒有做功課，又如何判定哪些是真正具備實力的專家，哪些則是事後諸葛的金融商品銷售員？別讓對數字與專有名詞的恐懼，成為阻擋自己了解投資的高牆，因為任何金融商品的財務報表，就是能否讓投資者賺錢的關鍵密碼，唯有先解開密碼，才能開啟獲利的金庫。

## 叮咚，這是您的現鈔

7:28 在捷運上聽到美國股市收黑的新聞，慌忙透過手機將昨日買進的科技股 F 掛賣；

8:27 進公司後，瞄到早報頭條〈X 族群受惠大陸 125 計畫，其中 X 股已連漲三日表態〉，又趕忙掛單買進 X 股；

9:36 分，F 股終於全數賣出，正在慶幸自己僅小虧 3% 時，卻發現 X 股已亮燈拉出連續第三根漲停，趕緊在進會議室前改以漲停價位掛單。

好不容易等到會議結束，衝出會議室卻發現，剛賣掉的 F 股竟然由低檔翻紅，漲幅接近 5%；而剛買進的 X 股卻爆大量回跌至平盤處，懊惱地轉向電腦螢幕準備上班，才看到網頁上〈大陸華南地區限電，X 股工廠營運將受影響〉的新聞，又慌張地將 X 股認賠殺出，再阿 Q 地自我安慰：還好沒到跌停出不掉。

賭場總是讓剛進場的朋友先嚐些甜頭，然後再讓他們輸光了盤纏。剛進入股票市場的新朋友，很容易在頻繁交易的

過程中贏得一些小獲利，然後就以為自己複製這樣的方法，在每天的股價起伏中賺取利潤——直到股票無法控制地向下大跌。

我曾經也是個以為每天花 30 元看報紙，或者花一個下午看股票老師解盤，就能在股票市場淘金成功的初學者。經過付出一些學費作為代價後，才知道投資的專業知識必須透過閱讀來累積，加上思考來統整書本上的方法和自己的經驗，最終方能發展出個人專屬的投資心法，這才是開啟股票市場提款機的重要密碼。

不乏有投資人看到報酬率欄位呈現負值達 -20 ～ -45%，仍硬著頭皮告訴自己：股票市場長期看漲，我一定要等到回本後才要賣出股票。股票指數長期趨勢確實向上（還原權值後更為明顯），但市場不斷有風光上市的股票，當然也有黯然下市的標的；不願承認帳面損失的鴕鳥心態，只是讓資金困守在沒有明天的孤島上；交易沒有停損紀律做防護，縱有好運也是曇花一現，賭徒們總在剛上桌時贏得彩金，直到一

文不值後才捨得步下賭桌。

　　既然股票市場的定律，就是什麼事情都有可能發生的地方，真正的股票投資贏家絕對會為自己所投入的資本設下停損點，而非放任不願承認失敗的情緒作祟，讓自己的資本更進一步的縮水。對我自己而言，只要投資標的帳面損失到達 10%，無論再有多麼堅強的數據支持，我都會出清手中的持股，因為停損是在股票市場中，必須建立的無例外紀律。

## 你的金錢觀適合股票投資嗎？

　　你會因為掉了 10 塊錢就懊悔不已嗎？你很容易衝動購買昂貴奢侈品嗎？金錢觀過度保守或豪邁奔放的兩個極端，都不是適合投資的心理狀態。極端保守者內心無法承擔一絲的投資風險，不能容許一毫的帳面損失，賺錢時擔心明天就會下跌，虧損時則陷入不能回本的心靈煎熬中，如此將整日困在買與賣的患得患失之間而無法自拔；對於用錢豪邁奔放者容易忽略投資成本，漠視投資標的盈虧表現而一直持有的

過度消極行為，直到需要用錢時，才會一次性地將投資標的售出，自然也無法在適當的時間做出買賣的理性決策。若金錢觀不適合仍執意走入投資領域，除了要承擔投資虧損，自己的生活品質亦會遭受影響。投資並非人生的必要行為，無須為了投資而破壞了人生該有的節奏。

對於金錢觀極端保守者，建議選擇一家穩固的銀行定存就好，因為你的心理會對投資帳面上的虧損非常在意，或許5%的帳面虧損就能讓你煩躁不已。至於金錢觀過於豪邁奔放者，則建議利用記帳的方式了解自己的消費習慣和盲點，慢慢建立適宜的消費行為，才能真正累積到人生的第一桶金。

• • •

確認金錢觀不屬於天枰的兩端後，請認真評估能承受的投資風險額度，並區分實際的經濟狀況及心理承受度兩個面向來考慮；經濟狀況的風險就是投資失敗後，自己的生活

品質是不是立即受到影響。當你投資的金錢不是閒錢時，資金調度會造成你非常大的壓力，而壓力正是不理性情緒的起源。必須注意的是，經濟狀況能承擔的投資損失和心理虧損承擔能力往往不等值，也就是說，就算你投資的錢是閒錢，當你不幸面臨虧損，心理上所產生的負面感受可能與你預期的有落差（更嚴重或更輕微則要看個人了）；找出自己真正能承擔的風險額度，降低因心理或生活壓力而產生不理性情緒的機率，是提高投資成功率的必然條件。

## 做資訊的主人

在投資的領域裡，相關的資訊五花八門，各大入口網站一定都有理財相關的新聞連結，有線電視頻道中至少五台以上 24 小時全天候播放股市解盤的節目，對於有心想要接取股市資訊的投資人，從電視取得資訊的成本是相當低廉的，卻反而讓許多人陷入「免費品貪婪」的陷阱裡。「反正是免費的，多看多賺，不看白不看」，這種心理會提高想要獲得物品的慾望，卻往往忽略了背後可能存在的其他隱藏成本。

而這種以為資訊愈多就愈好的思維，正是導致許多人陷入「恐懼資訊不足」或「資訊躁鬱症」的主因。

「恐懼資訊不足」的典型行為，就是強迫自己能獲取所需的一切資訊，然而身處資訊爆炸的網際網路世代，挖掘到愈多的資訊，同時就會看到更多未讀的資訊來源，更加深了無法完全掌握的恐懼，於是就更加努力去挖掘資訊，如此惡性循環將造成時間完全浪費在發現與閱讀資訊，致使無法有效的分析和利用資訊；「資訊躁鬱症」則是一看到有關標的之相關資訊就立即下達投資決策，若又看到另一則資訊時，就立刻再進場交易，這樣往復擺盪的投資決策，只會讓經紀商賺飽了手續費，對於投資報酬沒有實質的助益。

投資是為了要獲取利潤，而資訊則是協助投資者做出正確的投資決策與判斷，進而獲取利潤。因此資訊的價值應該在於訊息本身是否公正客觀，可以協助人們做出正確的判斷，而非數量愈多價值愈高的直覺式思維。

　　那要如何判定訊息是否公正客觀？以數字為主的資訊客觀性通常大於描述性文字資訊，因為有了數字就可以在同樣的客觀環境下進行比較；若資訊多以文字表達，則要判斷這些文字內容是屬於描述性文字還是評論性文字，前者通常較後者客觀。上述這兩點都是原則性的參考，資訊是否公正客觀仍有賴投資者的主觀判斷，因此投資者判斷基準的建立就至關重要。

・・・

　　投資者應如何建立過濾資訊的判斷基準呢？首先，投資者需先確認適合自己的投資標的，因此資訊的第一層濾網是只接收和投資標的有關的資訊；第二層濾網則是優先閱讀公正客觀單位所發布的資訊，例如：政府機構相關網站、公開資訊網、學術單位等；第三層濾網則是數字優於文字，最終則是用結果來驗證資訊是否真的公正客觀或適合自己。投資者也可透過虛擬投資的方式，來檢視資訊及其提供者的公正性。這樣的資訊過濾循環，有助於篩選出優質的資訊來源。

在你建立了適合的資訊過濾基準，掌握對個人投資有助益的資訊來源後，你的投資只要按表操課、看資訊做決定，就可以躺著數鈔票、睡覺都有被動收入了嗎？且慢！就算你有非常優質的資訊來源，你也不一定會照著資訊內容來投資。這是因為人同時具有理性和感性的層面，如果缺乏邏輯思考能力來支撐你所觀察到的資訊來源，你有可能不敢果斷下決定，以致過早賣掉抱在懷中的金雞母，或是錯失了買入潛力股的時機。因此，當你建立好屬於自己的資訊過濾基準，更要時刻磨練你的邏輯思考能力。有了理性合適的資訊過濾基準，再加上見解不凡的邏輯思考力，等同如虎添翼，提升自己在股市中成為贏家的機率。

## 準備好承擔投資的重量嗎？

對於一個投資者而言，獲利應是投資的唯一理由，而各級金融資產的交易所，則是匯集人類貪婪、私心和耳語的戰場，要踏入前，請先墊墊自己的斤兩。

　　為符合媒體、金融從業者及企業大戶掠奪共生結構的需要，「投資」被包裝成極度需要專業卻又看似簡單的矛盾行為，也就是為了賺取你的手續費，一方面把投資的困難度描繪得高不可攀；另一方面又灌輸投資人，其實投資若仰賴專業，只要花一點入會費、簡訊費、系統服務費等，就可輕鬆照表操課。卻仍有大批人一直相信「散戶注定是資訊的落後者」、「想要賺錢，就一定需要內線消息」、「散戶不會有面面俱到的理財專業知識」這樣的邏輯，付錢請所謂的專業人士幫你投資，還需要盈虧自負。

　　科學是一種非常嚴謹理性的辨證程序，它要求在條件相同的情形下，必定有同樣的結果；可有誰看過股票市場有這樣 1+1=2 的表現？投資當然需要專業的財經知識（專業並不等於艱深）和對總體經濟的了解，但市場除了數字外，還有貪婪、瘋狂的群眾心理及唯恐天下不亂的媒體，某些尚在虧損的股票竟然可以擁有超過百元的股價。市場上不存在絕對獲利的方程式，意思是指有很多種不同的方式能獲利或虧損，投資人不可能也不需要學會所有的投資方法。如何找到

可讓自己安穩入眠又可維持穩定獲利的投資方式，會是投資者必須承擔的專業重量。

投資的成本是資金，過少的自有資本意味者獲利累積的速度將會減緩，若藉由融資、抵押借貸等方式擴張信用，則須支付利息及過大的資產下跌風險。如何累積進入投資市場的第一桶金，則是投資者必須承擔的金錢重量。

規避風險是人的天性，而投資卻是承擔風險來換取報酬的行為，背離人性的行為常是不安情緒發生源頭。如何堅定依循自己的投資邏輯，規律且自信的買進或賣出標的，將是投資人必須承擔的紀律重量。

金錢的價值不在面額，端視如何運用，在反應人性貪婪、恐慌、漠視、私心的交易所中廝殺後賺得的金錢，應該用來提升自己和家人的生活品質，投資者應該在貪婪和寬容間取得平衡，不該在獲得財務自由的同時付出心靈耗損的成本，這將是成功投資者必須調適的人性重量。

## 散戶絕對不是弱者

每當股票市場大跌時，那些在一片慘綠的電視牆絕望的背影，是媒體賦予散戶最鮮明的形象。沒有參與股票市場的人，多半懷著幸災樂禍的心態，認定散戶就是那些把錢丟在池塘裡讓有錢人掠奪的傻蛋。甚至在股票市場中，代表散戶參與程度的融資餘額往往被當成行情的反指標（散戶參與度愈高，行情就愈不看好）；然而，散戶真的只能成為法人掠奪的目標，註定成為股票市場裡最底層的被掠奪者？

在全球化的趨勢下，資金會在世界不同的市場裡來回流動，隨著規模擴大，單一法人或基金想要控制單一股票市場的走勢已經是不可能的任務，且操作資金的部位愈大，對於標的流動性要求就愈高；持有的股票能否順利地再賣出，亦即標的成交量需要到達一定水準。在標的選擇上就沒有散戶來得靈活。

此外，法人交易需受許多規則所限制，像是持股比例、

利益迴避、風險評量或集體決策流程等，無法像散戶能自由自在地選擇投資標的；法人也因為持股較多，需花費更多的時間持續追蹤持有股票之表現，這些都是散戶在選股上較法人更為靈活的優勢。

網路世代讓資訊取得所需之成本大為降低，且較具規模的股市，官方或法人早已架構許多可提供資訊之網站（如台股的公開觀測網），散戶和法人獲得之資訊落差並沒有想像中的嚴重。再者，過多的資訊也會造成使用者處理上的負擔，道聽塗說反而有害投資。沒有足夠的時間思考與歸納，過多的資訊往往是投資的負擔而不是優勢。

「投資裡沒有弱散戶，只有懶散戶」。過去散戶在投資上的弱勢表現，其原因不在於身分是散戶，而在於不肯對投資這件工作用心投入，投資收益甚或其他類型的被動收入，都不是可以不勞而獲的捷徑。

努力不一定可以成功，但想要成功就必須要努力。其實

成為市場那 20% 的獲利者，難度並沒有想像中的高，因為依然有太多市場的參與者，認為只要靠內線消息就能獲利，只要跟對老師就能雞犬升天。贏家圈的空位還有很多，就看自己有沒有決心，願意花些時間充實自己，走進這個市場來挖寶。

# 結語

　　中國大陸公布 2017 年 GDP 總值，總額首度突破 80 兆人民幣，年增率亦回升到 6.9%，但經濟數據欣欣向榮的背後，遮掩不住的是北京人口超量，面臨斷水威脅，致使當地政府為了限制都市總人口，在冬天下令驅逐所謂「低端人口」的社會問題，中國大陸用迥異於西方民主法治社會的方式，在經濟數據上取得了華麗的效率，但也產生了城鄉差距、產能過剩、房價及地方債等隱疾，而且就算用老派 GDP 思維來衡量，中國大陸迄今亦未跨過「中等收入陷阱」的挑戰。

　　至於政府過去最愛比的南韓，該國政府已經宣布 2018 年人均 GDP 可望突破 3 萬美元，遠遠把台灣甩在後頭，但這樣的 GDP 成長，是用 OECD 自殺率榜首、有如煉獄的大學窄門、三分之二年輕人從事沒有保障與福利的非常規工作，以及全職工作者每日工時 14 小時等條件換來的；如果台灣還想像某位計程車司機口中打拚 16 小時的未來，那的確該好好像南韓學習，如何用榨乾社會的方式，追尋極致的經濟效率。

從個人的角度出發，總體環境不如過去已經是無法短期改變的事實，但也不代表從此沒有追求平衡生活的機會，少些功利主義的思維，多撥些時間瞭解自己，並且想想未來想要的模樣，透過儲蓄習慣來累積財務安全，嚴肅思考延遲買車買房，可以對自己財務帶來哪些優勢，學會聰明消費來滿足自己在物質與心靈上的慾望，以及儘早學習投資理財等可以增加被動收入的知識技能。

　　與其每次選舉都怨嘆要從壞蘋果中，選出比較不壞的那一顆，不如認真讓自己成為會獨立思考，以及願意聆聽不同意見的公民，積沙成塔的尋求改變政府的機會，與其追尋生活上的「小確幸」，不如努力用心的過好適合自己的「小生活」。

　　錢可以解決物質上的諸多問題，但無法滿足人追求快樂的心。GDP 可以衡量國家經濟產出的總量，但絕不代表人民生活的幸福程度。

TREND
03

為什麼 GDP 成長，我們卻無感？
GDP 沒有告訴你的事，拼的是數字成長，
還是人民的幸福？

| | |
|---|---|
| 作　　者 | Dolin66 |
| 責任編輯 | 魏珮丞、王馨儀 |
| 美術設計 | 許紘維 |
| 內頁排版 | 藍天圖物宣字社 |
| 圖解製作 | 田慧盈 |

| | |
|---|---|
| 社　　長 | 郭重興 |
| 發行人兼出版總監 | 曾大福 |
| 第六編輯部總編輯 | 魏珮丞 |
| 出 版 者 | 遠足文化事業股份有限公司 |
| 地　　址 | 231 新北市新店區民權路 108-2 號 9 樓 |
| 電　　話 | (02) 2218-1417 |
| 傳　　真 | (02) 2218-8057 |
| 郵撥帳號 | 19504465 |
| 客服信箱 | service@bookrep.com.tw |
| 官方網站 | http://www.bookrep.com.tw |
| 法律顧問 | 華洋國際專利商標事務所 蘇文生律師 |
| 印　　製 | 呈靖印刷 |

| | |
|---|---|
| 初　　版 | 2018 年 03 月 |
| 定　　價 | 320 元 |
| ISBN | 978-957-8630-11-6 |

**國家圖書館出版品預行編目(CIP)資料**

為什麼GDP成長，我們卻無感？GDP沒有告訴你的事，拚的是數字成長，還是人民的幸福？ / Dolin66 著 . -- 初版 . -- 新北市：遠足文化 , 2018.03

224 面；14.8×21 公分 . -- (Trend ; 3)

ISBN 978-957-8630-11-6（平裝）

1. 臺灣經濟  2. 國內生產毛額  3. 趨勢研究

552.337　　106025327

TREND

新知識　／　　新概念　／　新想法